INCLUSÃO EDUCACIONAL DE ALUNOS COM SURDEZ

concepção e alfabetização

EDITORA AFILIADA

Dados Internacionais de Catalogação na Publicação (CIP)
(Câmara Brasileira do Livro, SP, Brasil)

Honora, Márcia
  Inclusão educacional de alunos com surdez : concepção e alfabetização : ensino fundamental, 1° ciclo / Márcia Honora. -- São Paulo : Cortez, 2014.

  Bibliografia.
  ISBN 978-85-249-2200-8

  1. Educação de surdos 2. Educação especial 3. Educação inclusiva 4. Língua de sinais I. Título.

14-04488

CDD-371.912

Índices para catálogo sistemático:
1. Surdos : Educação 371.912
2. Surdos : Educação especial 371.912

MÁRCIA HONORA

INCLUSÃO EDUCACIONAL DE ALUNOS COM SURDEZ

concepção e alfabetização

Ensino Fundamental - 1º Ciclo

1ª edição
1ª reimpressão

INCLUSÃO EDUCACIONAL DE ALUNOS COM SURDEZ: concepção e alfabetização
Ensino Fundamental – 1º Ciclo
Márcia Honora

Capa: de Sign Arte Visual sobre ilustrações gentilmente cedidas por Paulo Edson de Moura
Ilustrações: Paulo Edson de Moura
Preparação de originais: Jaci Dantas de Oliveira
Revisão: Solange Martins
Composição: Linea Editora Ltda.
Coordenação editorial: Danilo A. Q. Morales

Nenhuma parte desta obra pode ser reproduzida ou duplicada sem autorização expressa da autora e do editor.

Direitos para esta edição
CORTEZ EDITORA
R. Monte Alegre, 1074 — Perdizes
05014-001 — São Paulo – SP
Tel.: (11) 3864-0111   Fax: (11) 3864-4290
e-mail: Cortez@cortezeditora.com.br
www.cortezeditora.com.br

Impresso no Brasil — junho de 2017

Inclusão Educacional de alunos com Surdez

Sumário

APRESENTAÇÃO... 7

Parte I   O que todo professor precisa saber

CAPÍTULO 1   Conhecendo a Surdez... 11

CAPÍTULO 2   História da educação de Surdos............................... 49

CAPÍTULO 3   Língua Brasileira de Sinais.. 65

CAPÍTULO 4   Cultura e identidade Surda....................................... 78

CAPÍTULO 5   Concepção de alfabetização do aluno
com Surdez... 87

CAPÍTULO 6   Ensino de Língua Portuguesa para alunos
com Surdez... 95

CAPÍTULO 7   Conhecendo os tipos de produção feita pelos
alunos com Surdez.. 102

CAPÍTULO 8 Sondagem para avaliação de alunos com Surdez... 106

CAPÍTULO 9 Espaço educacional para o aluno com deficiência auditiva/Surdez....................................... 120

Parte II Adaptação Curricular para alunos com Surdez do Ensino Fundamental I

CAPÍTULO 1 Alfabeto.. 127

CAPÍTULO 2 Identidade... 152

CAPÍTULO 3 Família.. 164

CAPÍTULO 4 Parlendas sinalizadas... 176

CAPÍTULO 5 Brincadeira sinalizada... 186

CAPÍTULO 6 Atividades de matemática sinalizadas.......................... 190

REFERÊNCIAS 197

Apresentação

Este material tem como objetivo levar ao conhecimento do professor do Ensino Fundamental I um completo entendimento de como incluir alunos com Surdez nas salas de aula regulares de todo o país.

Trata-se de uma publicação inovadora e que leva ao acesso do professor os conhecimentos teóricos, materiais, atividades, explicações e sugestões que facilitarão o processo de aprendizagem de seus alunos, garantindo uma inclusão educacional de fato para os alunos com Surdez, respeitando sua língua materna, a Língua Brasileira de Sinais (LIBRAS), e seu acesso à Língua Portuguesa, na sua forma escrita, adotando assim a metodologia do bilinguismo.

O desafio é grande: ensinar Língua Portuguesa escrita para usuários de outra língua materna, sendo esta uma língua viso-motora com estrutura, léxico e organização completamente independentes da Língua Portuguesa.

Nosso objetivo é expor um material que atenda às necessidades político-pedagógicas para a formação de professores e que os alunos possam se desenvolver academicamente com as mesmas condições que os alunos sem deficiência, criando assim uma situação de equidade de oportunidade para todos.

Na primeira parte do livro, o professor terá acesso a conteúdos específicos e norteadores do trabalho a ser desenvolvido.

Na segunda parte, indicamos uma série de modelos de atividades que poderão ser realizadas na fase de alfabetização do aluno com Surdez.

Estamos em consonância com a Lei de Diretrizes e Bases da Educação Nacional em seu artigo 59, que predispõe a capacidade de professores especializados, além da Resolução n. 02/2002 do Conselho Nacional de Educação em suas Diretrizes Nacionais para a Educação Especial na Educação Básica, que indica: "cabe aos Sistemas de Ensino estabelecer normas para o funcionamento de suas escolas, a fim de que essas tenham as suficientes condições para elaborar sua proposta político-pedagógica e contem com professores capacitados e especializados".

Desta forma, procuramos buscar como princípio norteador a concepção de uma escola inclusiva, que garanta o acesso, a permanência e a qualidade de ensino para todos.

PARTE I

O que todo professor precisa saber

CAPÍTULO 1

Conhecendo a Surdez

Para começo de conversa, temos que conhecer nosso aluno com Surdez em suas características biológicas, sociais, culturais, linguísticas para que possamos desenvolver um trabalho pedagógico de excelência, pensando em suas singularidades.

Neste capítulo, vamos conhecer as particularidades biológicas do nosso aluno com Surdez.

1.1 Deficiência auditiva

Segundo o Censo Demográfico de 2010, realizado pelo IBGE (Instituto Brasileiro de Geografia e Estatística), no Brasil, 19% da população apresenta, pelo menos, uma das deficiências investigadas, sendo elas: visual, auditiva, motora ou intelectual.

A população que apresenta uma queixa auditiva chega a quase dez milhões de pessoas (o que corresponde a 5% da população), sendo que a sua particularidade é encontrada no gráfico a seguir.

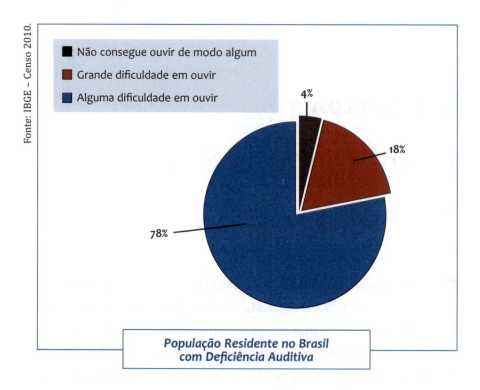

População Residente no Brasil com Deficiência Auditiva

A deficiência auditiva é descrita como "a perda bilateral, parcial ou total, de quarenta e um decibéis (dB) ou mais, comprovada por audiograma nas frequências de 500 hertz, 1.000 hertz e 2.000 hertz", segundo a Lei n. 5.296/04.

1.2 Sistema auditivo

O sistema auditivo corresponde a uma das mais perfeitas obras da engenharia humana, capaz de identificar e reconhecer os mais diferentes sons do ambiente em que vivemos, além de possibilitar que nos diferenciemos de todos os outros animais da Terra, devido à nossa capacidade de comunicação. Portanto, o sentido da audição é responsável pela audição e pelo equilíbrio do corpo humano.

Se pudéssemos visualizar o nosso sistema auditivo, teríamos a seguinte imagem:

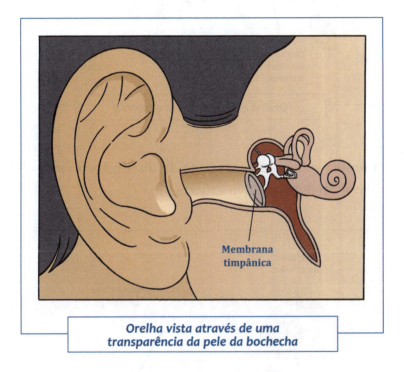

Orelha vista através de uma transparência da pele da bochecha

Temos um distanciamento em média de 2,5 centímetros do início do conduto auditivo externo e a membrana timpânica.

A orelha compreende três partes interligadas: orelha externa, orelha média e orelha interna.

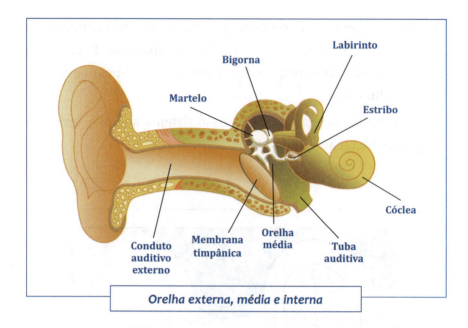

Orelha externa, média e interna

A orelha externa é constituída de duas estruturas: pavilhão auricular e conduto auditivo externo.

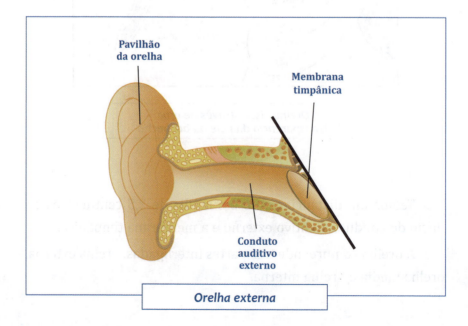

Orelha externa

Inclusão Educacional de alunos com Surdez

O pavilhão auricular é uma estrutura externa semelhante a um funil, feita de cartilagem e pele, que tem a função de captar as ondas sonoras e as desviar para dentro do conduto auditivo externo.

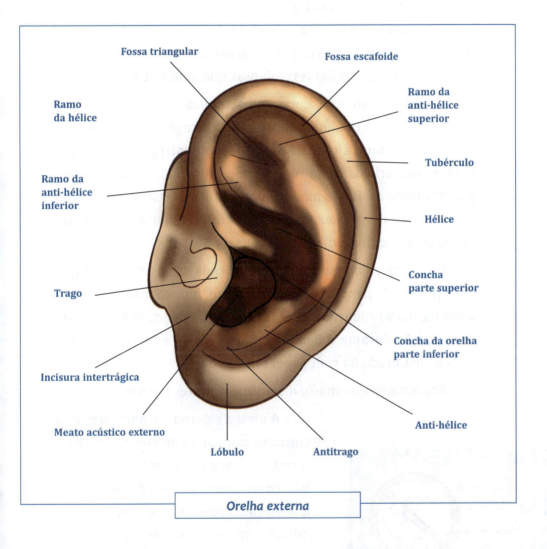

Orelha externa

O formato da orelha nos lembra uma concha cheia de nervuras. Cada um desses sulcos vai amplificando o som que nos chega às orelhas. Nossa orelha tem este formato para amplificar o som, como se estivéssemos colocando a mão atrás da orelha para amplificar o som que chega até os nossos ouvidos.

A função destas estruturas é captar o som que percorre toda a orelha e o encaminhar para o conduto auditivo externo através de um "canal" com presença de pelos e glândulas sebáceas (secretoras de óleos) e por glândulas ceruminosas que juntas produzem cera.

A cera é resistente à água, antibacteriana e antifungicida. Isso significa que a cera ajuda a preservar a integridade do conduto auditivo externo e a reduzir as chances de infecção, portanto, a limpeza exacerbada desta região pode causar danos, lesões e até perdas auditivas. Desse modo, é importante alertar que as hastes flexíveis não devem ser inseridas no interior do ouvido, sendo usado somente no pavilhão da orelha.

Uma curiosidade sobre a cera fabricada na nossa orelha é que ela é produzida para protegê-la; portanto, quanto mais limpamos a orelha, mais produção de cera teremos. O adequado é fazer esta higienização durante o banho com os dedos e depois secar com uma toalha macia ou com papel higiênico.

Portanto, mantenha-se distante das hastes flexíveis.

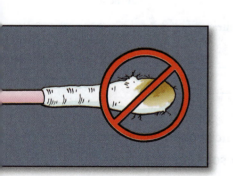

A orelha externa termina quando o conduto auditivo externo encontra a membrana timpânica, que funciona como um "couro" bem esticado de um tambor, que vibra na presença do som e o encaminha para dentro da orelha média.

Na membrana timpânica visualizamos a silhueta do ossículo martelo, visto através de um otoscópio em orelhas normais. É realmente uma visão muito bonita.

Na face interna da membrana timpânica, temos a orelha média, que é uma câmara cheia de ar com três pequenos ossos (os menores do corpo humano), conectados entre si. São eles: martelo, bigorna e estribo. Os ossos recebem esses nomes pela semelhança que têm com esses objetos.

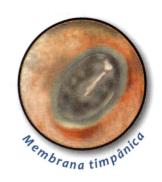

Membrana timpânica

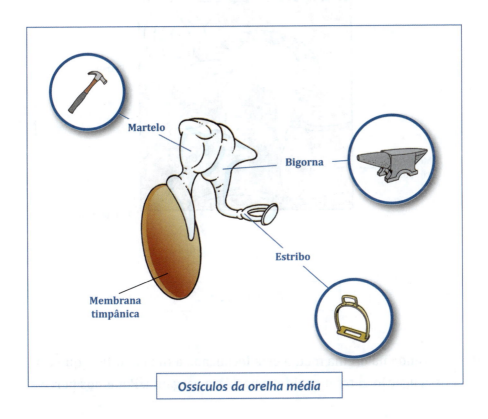

Ossículos da orelha média

Uma das curiosidades sobre os três ossículos da orelha média é que são os únicos ossos do corpo humano que não crescem durante a vida, ou seja, mantêm o mesmo tamanho no recém-nascido e no adulto.

A orelha média é como se fosse uma pequena sala, cheia de ar, com paredes, chão e teto com três ossículos articulados e suspensos. Os ossículos unem o tímpano à janela oval, uma abertura no revestimento ósseo da cóclea.

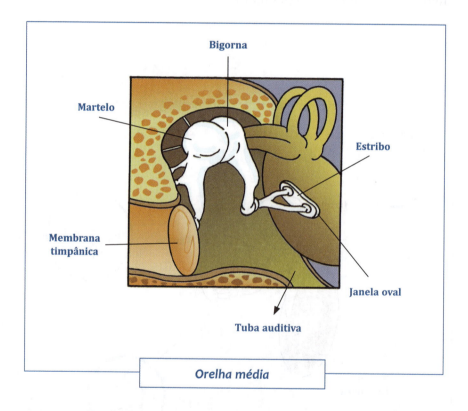

Orelha média

Ainda na orelha média está localizada a tuba auditiva, que é a nossa ligação entre o ouvido, o nariz e a garganta. Podemos perceber esta ligação quando pingamos um remédio no nariz e conseguimos sentir o seu gosto na garganta.

Dando prosseguimento à nossa viagem, temos a orelha interna, que compreende duas estruturas: cóclea e labirinto. O labirinto é a estrutura responsável pelo nosso equilíbrio. A cóclea é a estrutura do ouvido através da qual ouvimos. A cóclea é do tamanho de uma ervilha e é nela que estão localizados os receptores auditivos.

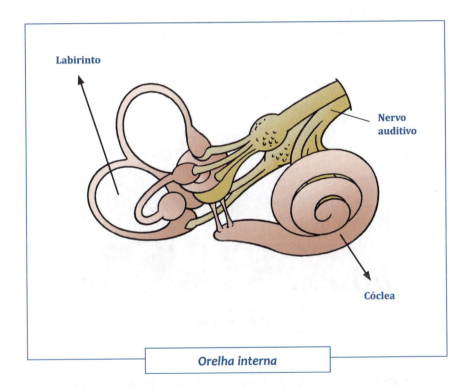

Orelha interna

Quando as ondas sonoras fazem o tímpano vibrar, essas vibrações são transmitidas para os ossículos que, por sua vez, produzem uma ação semelhante à de uma alavanca, transmitindo e amplificando as vibrações para a membrana que reveste a janela oval da cóclea.

A cóclea, que tem esse nome porque parece um caracol, é uma estrutura oca. Os compartimentos desse espaço são preenchidos por líquido, onde há uma membrana fina denominada membrana basilar, na qual estão inseridas as células ciliadas (cílios), que são nossos receptores auditivos.

A cóclea possui, em média, quando jovem, 15 mil células ciliadas. A boa notícia é que elas são muito numerosas e a péssima notícia é que elas não nascem mais, não se regeneram.

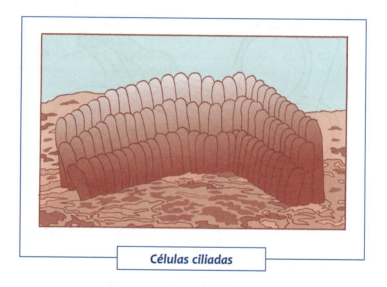

Células ciliadas

As células ciliadas agem como microfones para converter o som mecânico em eletricidade para transmissão ao cérebro, pelo nervo auditivo.

Uma das curiosidades sobre as células ciliadas é que elas podem se deteriorar ou cair, ao contato com ruídos intensos. Um exemplo é quando passamos algum tempo próximos de caixas de som numa festa ou show e, ao chegarmos em casa ou ficarmos em silêncio, podemos perceber um "apito" bem alto e intermitente no ouvido. Este som é a sinalização de que nossas células ciliadas estão morrendo. E atenção! Elas não se regeneram. Quando perdemos células ciliadas, vamos perdendo aos poucos a nossa capacidade de ouvir perfeitamente.

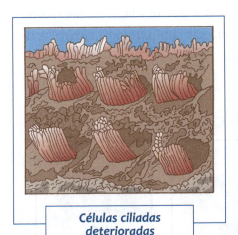

Células ciliadas deterioradas

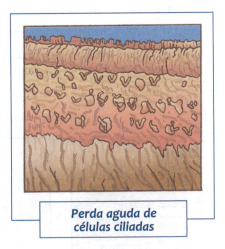

Perda aguda de células ciliadas

1.3. Cuidados com a orelha

1.3.1. Excesso de cera

Muitas pessoas apresentam um excesso de cera, o que pode provocar a rolha de cera. Isso não indica que a pessoa não limpa a orelha, muito pelo contrário, o excesso do uso de hastes flexíveis pode ocasionar uma excessiva produção de cera. O sintoma de uma rolha de cera é sentir a orelha tampada de um ou ambos os lados, e sua remoção deverá ser feita por um otorrinolaringologista.

Rolha de cera

1.3.2. Perfuração da membrana timpânica

Quando a membrana timpânica é perfurada, podemos apresentar perdas auditivas e temos que ser submetidos a cirurgias de reconstrução através de enxertos.

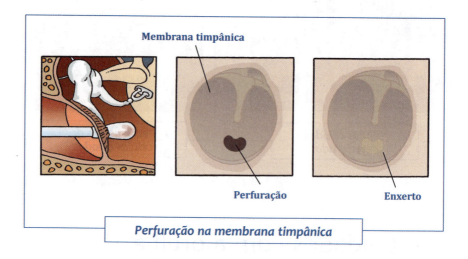

Perfuração na membrana timpânica

1.3.3. Infecções de ouvido

Muitas infecções de ouvido, as otites, são causadas por amamentação ou ingestão de líquidos por crianças de forma horizontalizada, de modo que um pouco do líquido ingerido se desloca para dentro da orelha média, formando pus como indicação de infecção.

Portanto, a melhor posição de amamentar ou oferecer líquidos para a criança é a mais vertical possível, como no desenho a seguir:

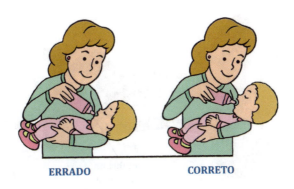

ERRADO   CORRETO

A explicação é que a tuba auditiva das crianças é muito pequena e horizontalizada, o que possibilita que um pouco do líquido seja conduzido para dentro da orelha média da criança.

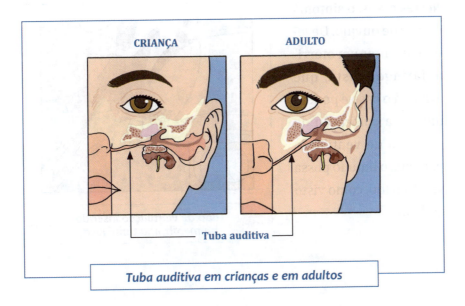

Tuba auditiva em crianças e em adultos

O líquido fica depositado na orelha média e, não podendo sair, vai se transformando em pus, como observado na imagem a seguir:

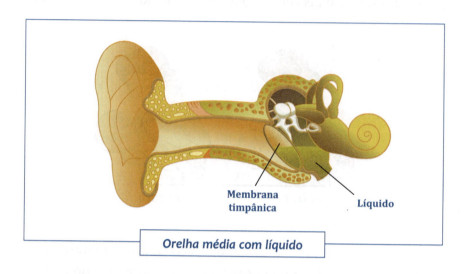

Orelha média com líquido

Nestes casos, o sintoma é a dor de ouvido. Deve--se consultar um otorrinolaringologista, que avaliará o caso e poderá indicar a colocação de um tubo de ventilação para que o líquido possa ser drenado, como visto ao lado.

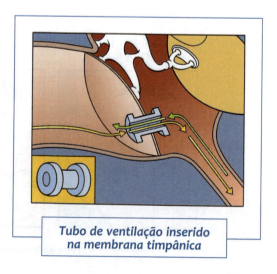

Tubo de ventilação inserido na membrana timpânica

O tubo de ventilação pode ser observado por um otoscópio, como na ilustração ao lado:

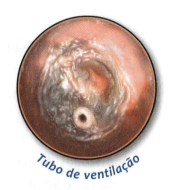

Tubo de ventilação

1.3.4. Perda de audição por ruído

A exposição prolongada a ruídos intermitentes, música alta, buzinas, explosões, entre outros, pode provocar perdas auditivas induzidas por ruído, destruindo paulatinamente as células ciliadas, que caem quando entram em fadiga.

1.4. Deficiência auditiva *versus* Surdez

Muitas vezes, o termo deficiência auditiva é usado indiscriminadamente para pessoas com problemas auditivos de qualquer tipo e etiologia, mas não é bem assim.

Existe uma grande diferença biológica e principalmente linguística entre estas duas terminologias. Vamos a elas:

- **Pessoa com deficiência auditiva** é aquela cuja audição está prejudicada a ponto de **dificultar**, mas não impedir a compreensão da fala. São pessoas que se comunicam de forma oral. Geralmente são pessoas que apresentam uma perda leve ou moderada. Estas pessoas podem fazer bom uso de Aparelhos de Amplificação Sonora Individual e apresentam, na maioria das vezes, uma boa leitura labial, o que facilita seu acesso à língua oral e, em consequência, ao processo de alfabetização e letramento.

- **Pessoa com Surdez** é aquela cuja audição está prejudicada a ponto de **impedir** a compreensão da fala através do ouvido, com ou sem o uso de um Aparelho de Amplificação Sonora Individual. As pessoas com Surdez são pessoas usuárias da Língua de Sinais — no Brasil, Língua Brasileira de Sinais. Geralmente são pessoas que apresentam uma perda auditiva severa ou profunda. Estas pessoas podem ou não fazer uso da leitura labial e se comunicar pela língua oral, dependendo das intervenções e tratamentos feitos anteriormente.

Importante saber que, por mais que muitas pessoas usem o termo "Surdo-mudo", este termo é completamente inadequado. As pessoas que são Surdas não falam porque não ouvem e não por apresentar algum impedimento nos órgãos fonoarticulatórios. Portanto, o termo correto é pessoa com Surdez.

1.5. Causas das perdas auditivas

As perdas auditivas podem acontecer em qualquer fase da vida, mesmo na vida uterina. Vamos, a seguir, estudar cada uma destas causas.

- **Causas pré-natais:** ocorrem do primeiro mês de gestação até alguns minutos antes do parto. Os problemas que podem acontecer nessa fase são:
  1. Exposição da mãe a drogas ototóxicas: alguns medicamentos podem desencadear a perda auditiva, entre os quais:

antibióticos aminoglicosídeos, gentamicina, amicacina, tobramicina, netilmicina, neomicina, espectinomicina; diuréticos; medicamentos antimalária. Por este motivo, é de suma importância que todos os remédios usados pelas gestantes devam ser receitados pelo seu médico.

2. Exposição da mãe a álcool, drogas ou monóxido de carbono: a ciência ainda não sabe qual a quantidade segura para as gestantes ingerirem álcool durante a gravidez, portanto, qualquer quantidade pode ser prejudicial aos bebês. Os efeitos do álcool e das drogas durante a gravidez podem ser desastrosos para o desenvolvimento do feto, em um momento tão importante.

3. Fatores genéticos: os casamentos consanguíneos, entre pessoas da mesma família, ou síndromes podem gerar descendentes com deficiência auditiva.

4. Fatores hereditários: quando temos antecedentes familiares com perdas auditivas, temos maiores possibilidades de ter deficiência auditiva.

5. Irradiação por Raio X: a mulher grávida deve manter distância de ambientes com exposição a Raio X.

6. Carências alimentares: gestantes que não se alimentam adequadamente durante a gravidez podem ocasionar uma desnutrição excessiva nos bebês, podendo causar sua deficiência auditiva.

7. Alterações endócrinas: gestantes com diabete ou com problemas na tireoide podem ter filhos com deficiência auditiva.

8. Infecções adquiridas pela mãe na gestação. Algumas doenças como rubéola, sífilis, citomegalovírus, herpes simples

e toxoplasmose, quando adquiridas durante a gravidez, podem causar deficiência auditiva no bebê.

Uma das doenças que podem acometer a gestante e desencadear a perda auditiva é a rubéola, que pode causar no bebê a Síndrome da Rubéola Congênita (SRC).

Uma mãe que tenha contraído rubéola durante a gravidez tem uma grande possibilidade de ter bebês com:

- Alterações no coração (50%);
- Deficiência intelectual (40%);
- Catarata ou glaucoma (40%);
- Surdez (50%).

Alguns bebês, quando infectados durante o segundo ou terceiro trimestre de gestação, podem não exibir os sintomas ao nascimento, mas desenvolvê-los durante a primeira infância, inclusive apresentando uma perda progressiva da audição. Quanto mais avançada a gravidez estiver, menores serão as chances de o bebê ter sequelas em decorrência da rubéola contraída pela gestante.

No Brasil, a rubéola congênita é responsável por 18% dos casos de Surdez, com perdas de grau severo e profundo.

Atualmente, a vacina contra rubéola consta no calendário vacinal para crianças aos 12 meses de vida, com reforço entre 4 e 6 anos. A vacina também está disponível para mulheres na faixa etária de 12 a 49 anos e para os homens de 12 a 39 anos.

- **Causas perinatais:** que podem ocorrer no momento do parto até um mês após o nascimento. São elas:

1. Prematuridade: quando o bebê nasce prematuro, existem maiores chances de sequelas e de desenvolver uma deficiência auditiva.

2. Pós-maturidade: quando passa da hora de o bebê nascer, podem acontecer complicações, como a presença de mecônio, problemas respiratórios, deficiência auditiva.

3. Anóxia: a falta de oxigenação no cérebro no momento do parto pode ocasionar sequelas, entre elas a deficiência auditiva.

4. Trauma de parto. Algumas intercorrências no parto, como fórceps, parto rápido ou demorado demais, podem ocasionar deficiência auditiva no bebê.

5. Incompatibilidade sanguínea: quando os pais do bebê apresentam incompatibilidade no fator RH, podem ser desenvolvidas muitas deficiências, entre elas a deficiência auditiva.

- **Causas pós-natais:** podem acontecer de um mês após o nascimento até o último dia de vida. Entre as causas pós-natais, temos:

1. Meningite;

2. Caxumba;

3. Sarampo;

4. Uso de ototóxicos (remédios que podem causar problemas auditivos);

5. Idade avançada: com o decorrer da idade, existe uma maior possibilidade de perdas auditivas, chamada presbiacusia;

6. Traumas acústicos ou cranianos provocados por acidentes;

7. Otites (infecções de ouvido) de repetição;

8. Ruídos por longos períodos ou de grande intensidade podem ocasionar deficiência auditiva e até Surdez. Alguns exemplos de situações perigosas:

- Uma incubadora chega a ter um barulho interno de 100 dB;
- Um brinquedo infantil chega a ter um barulho de 100 dB;
- Na escola, o barulho chega a 94 dB, tendo em média 70 dB.

Estudos mostram que, depois de três anos exposto a barulhos intensos (acima de 85 dB por 8 h), podem acontecer perdas auditivas, como podemos observar no quadro a seguir. Quanto maior o ruído, menos tempo devemos estar expostos a ele:

NÍVEL DE RUÍDO (dB)	MÁXIMA EXPOSIÇÃO DIÁRIA PERMISSÍVEL
85 dB	8 h
90 dB	4 h
95 dB	1 h e 45 min
100 dB	1 h
110 dB	15 min
115 dB	7 min

Algumas profissões são mais expostas ao ruído, como: siderúrgicos, metalúrgicos, gráficos, motoristas de ônibus, construção civil, vidraceiros, entre outras.

Algumas outras complicações podem levar ao aparecimento da deficiência auditiva. Neste caso, mais de 100 síndromes podem acarretar Surdez, entre as mais conhecidas:

LESÕES	SÍNDROMES
Surdez com más-formações craniofaciais e cervicais	Síndrome de Treacher Collins Síndrome de Crouzon Síndrome de Apert
Surdez com displasias esqueléticas	Osteogênese Imperfecta Síndrome de Klippel-Feil
Surdez com anomalias de derme	Síndrome de Waardenburg
Surdez com disfunção renal	Síndrome de Alport
Surdez com anomalias oculares	Síndrome de Usher Síndrome de Fraser
Surdez com disfunção metabólica	Síndrome de Pendred Síndrome de Hurler
Surdez com anomalias cromossômicas	Trissomia do cromossomo 18 Trissomia do cromossomo 21

1.6. Exames clínicos

Alguns exames podem ser feitos para diagnosticar a perda auditiva. São eles:

- **Audiometria tonal:** é indicado para as crianças maiores ou para as que já podem colaborar, respondendo quando escutam um tom puro. Este é um exame subjetivo, que depende da resposta do indivíduo. Esse exame permite avaliar a audição das diferentes frequências de tons puros — do grave ao agudo — com especial atenção para as frequências da área da fala;

Audiometria Tonal

- **Audiometria vocal:** é feito com crianças que já vocalizam alguns sons. É pedido para a criança repetir uma lista de palavras ou monossílabos, a fim de que se possa saber qual a sua real capacidade de percepção da fala;

- **Imitanciometria:** avalia a mobilidade do sistema timpanossicular, auxiliando o diagnóstico diferencial de perdas auditivas condutivas. Além disso, pesquisa o reflexo do nervo estapédio, cuja presença ajuda a estabelecer o limiar de audição da criança.

- **Emissões otoacústicas:** também conhecido como Exame da Orelhinha. É um exame objetivo indicado para bebês ainda na maternidade e deve ser feito em silêncio. A resposta deste exa-

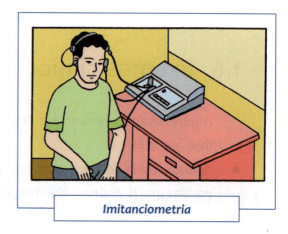

Imitanciometria

me é limitada, dizendo se a criança tem ou não um problema auditivo. Caso a resposta seja afirmativa, outros exames devem ser indicados. Dura em média 4 minutos e pode ser feito 48 horas após o nascimento.

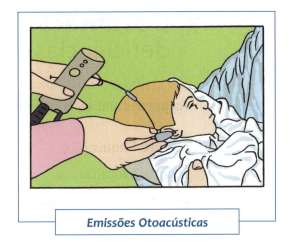

Emissões Otoacústicas

- **BERA**, também chamado de Audiometria de Tronco Cerebral: exame indicado para crianças bem pequenas, para pessoas com problemas cognitivos, para confirmação de exames subjetivos ou para pessoas com suspeita de simulação. Trata-se de um exame objetivo, que não depende da resposta do sujeito. Como a pessoa deve permanecer imóvel por, em média, 30 minutos, no caso da criança é necessário anestesiá-la com hidrato de cloral (uma substância que faz com que ela durma). São colocados eletrodos na cabeça da criança, os quais são ligados a um computador que, por sua vez, responde qual a perda auditiva dela. Muitas vezes, é o exame mais confiável que temos, porém sua indicação deve ser cautelosa devido à necessidade de anestesia.

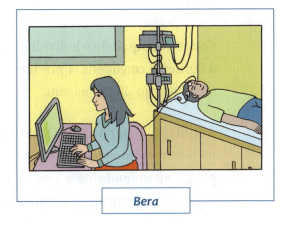

Bera

1.7 Classificação das deficiências auditivas

As perdas auditivas podem ser classificadas:

- Quanto à aquisição;
- Quanto à localização;
- Quanto ao grau do comprometimento.

1.7.1. Quanto à aquisição

Congênita: quando o indivíduo nasce com a deficiência. Neste caso, a Surdez é considerada pré-lingual, ou seja, estava presente antes da aquisição da linguagem.

Adquirida: quando o indivíduo nasce ouvindo e perde a audição no decorrer da vida. Neste caso, a Surdez é pré-lingual ou pós-lingual, dependendo de a sua ocorrência ter acontecido antes ou depois da aquisição da linguagem.

1.7.2. Quanto à localização

Perda condutiva: dificuldade na condução do som, sendo na maioria das vezes passível de tratamento medicamentoso e/ou cirúrgico. Principais causas: más-formações da orelha externa ou orelha média, infecções na orelha média, rolha de cera.

Inclusão Educacional de alunos com Surdez

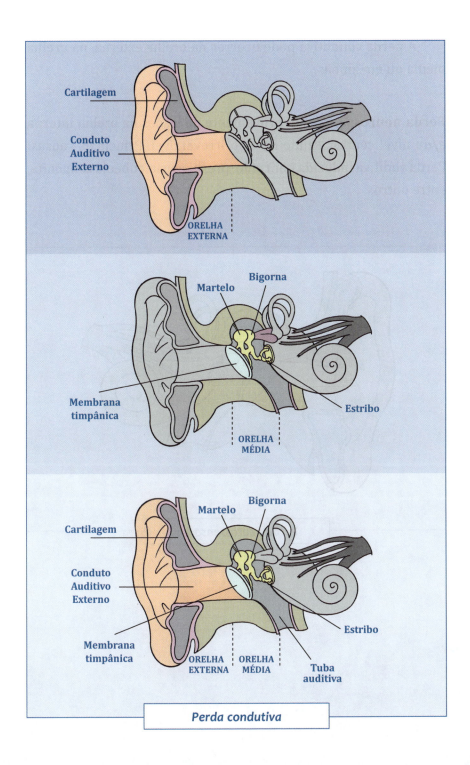

Perda condutiva

A perda condutiva pode ocorrer na orelha externa, na orelha média ou em ambas.

Perda neurossensorial: proveniente de lesões na orelha interna e/ou nível central, sendo do tipo irreversível. Principais causas: Perda auditiva induzida por ruído, presbiacusia, rubéola congênita, entre outros.

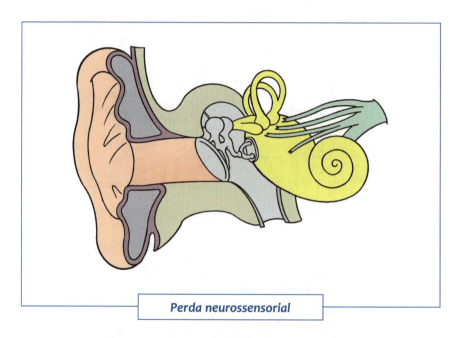

Perda neurossensorial

Inclusão Educacional de alunos com Surdez

Perda central: atinge a via auditiva central, ou seja, a porção do nervo coclear e de suas conexões que se encontram entre o núcleo coclear e o córtex do lobo temporal.

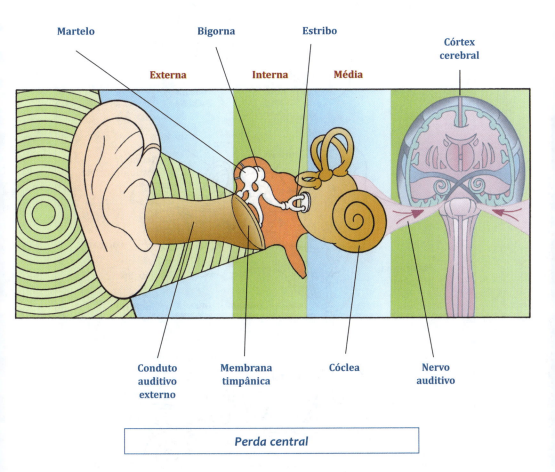

Perda central

Perda mista: problemas condutivos e neurossensoriais associados.

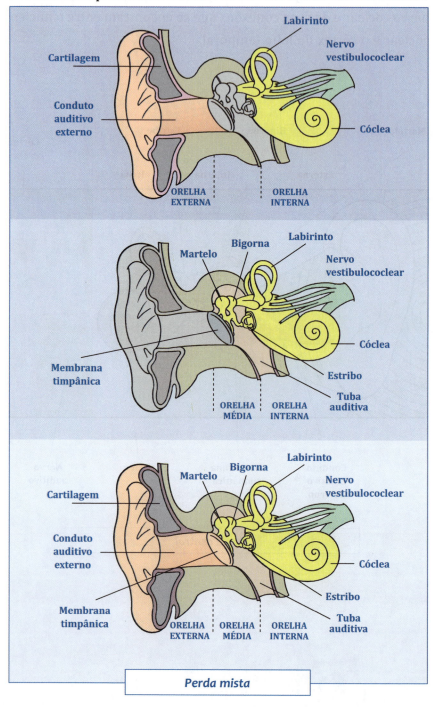

Perda mista

Inclusão Educacional de alunos com Surdez

1.7.3. Quanto ao grau

Os graus das perdas auditivas podem ser divididos em:

- Perda auditiva LEVE: entre 25 e 40 dB;
- Perda auditiva MODERADA: entre 40 e 70 dB;
- Perda auditiva SEVERA: entre 70 e 90 dB;
- Perda auditiva PROFUNDA: acima de 90 dB.

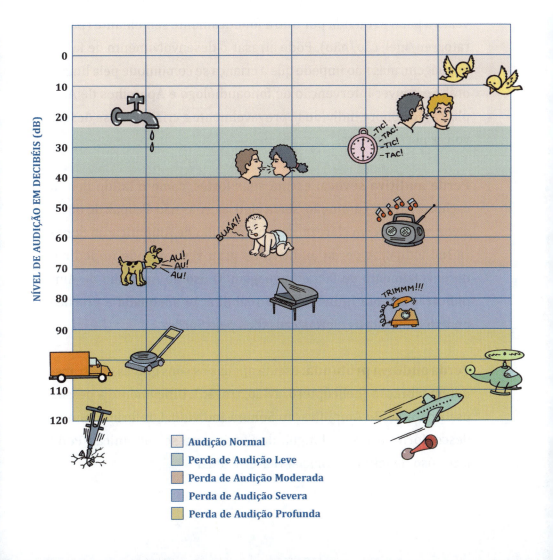

Perda auditiva leve: a pessoa escuta qualquer som, desde que esteja um pouco mais alto do que o convencional. Dificilmente percebe a deficiência auditiva até que faça um exame. Geralmente não tem efeito significativo no desenvolvimento global da criança e não precisará de um Aparelho de Amplificação Sonora Individual.

Perda auditiva moderada: numa conversação, pergunta muitas vezes "Hein?"; ao telefone, não escuta com clareza, trocando muitas vezes a palavra ouvida por outra foneticamente semelhante (pato/rato, réu/mel, cão/não). Pode atrasar o desenvolvimento de fala e linguagem, mas não impede que a criança se comunique pela língua oral. Se houver intervenção de fonoaudiólogo e Aparelhos de Amplificação Sonora Individual, provavelmente a criança irá se desenvolver normalmente.

Perda auditiva severa: escuta sons fortes, como o latido de um cachorro, avião, caminhão, serra elétrica, mas não é capaz de ouvir a voz humana com clareza, sem o Aparelho de Amplificação Sonora Individual. A perda auditiva de grau severo pode impedir o desenvolvimento de fala e linguagem. O uso do Aparelho de Amplificação Sonora Individual e a reabilitação adequada e precoce podem diminuir os efeitos causados pela Surdez.

Perda auditiva profunda: escuta apenas os sons graves que transmitem vibração (helicóptero, avião, trovão). Dificilmente a pessoa usa Aparelho de Amplificação Sonora Individual, referindo muito desconforto. Utiliza a Língua de Sinais para se comunicar. Pode fazer uso da leitura orofacial (leitura labial).

1.8 Aparelhos de Amplificação Sonora Individual

O primeiro "Aparelho Auditivo" descrito data do século XIX e foi feito para servir ao Rei D. João VI, em encomenda à F. C. Rein, em 1819, que fabricou um trono acústico devido à perda de audição do rei, o qual não queria que os súditos soubessem da sua deficiência.

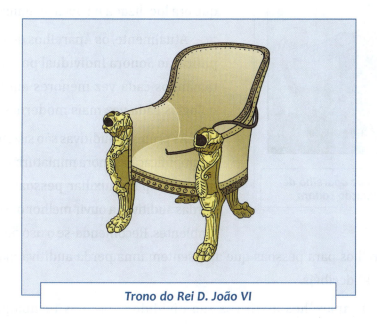

Trono do Rei D. João VI

O "trono acústico" foi feito usando figuras de leões de bocas abertas para a entrada do som, que saía na sua extremidade superior em um aparelho colocado "disfarçadamente" na orelha do rei.

Os relatos da época indicam que os cortesãos eram obrigados a se ajoelhar e falar junto às bocas dos leões, levando suas palavras até os ouvidos do rei.

O segundo aparelho data do final do século XIX e trata-se de uma invenção sem criador definido. Sabe-se que Thomas Edison contribuiu para seu invento. E que Graham Bell, tentando inventar o aparelho de audição elétrico, inventou o telefone, pois sua mãe e esposa eram Surdas.

Modelo de aparelho de ampliação sonora

Em 1898, surge a primeira ampliação sonora, feita por uma corneta que era localizada na boca do emissor.

Atualmente, os Aparelhos de Amplificação Sonora Individual possuem tamanhos cada vez menores em tecnologias cada vez mais modernas.

As próteses auditivas são sistemas de amplificação sonora miniaturizados, utilizados para auxiliar pessoas com perdas auditivas a ouvir melhor os sons ambientes. Recomenda-se o uso destes aparelhos para pessoas que apresentem uma perda auditiva maior que 40 decibéis.

Os aparelhos auditivos são divididos em duas tecnologias, que são:

- Aparelhos auditivos analógicos: controles manuais;
- Aparelhos auditivos digitais: controles computadorizados.

Inclusão Educacional de alunos com Surdez

Um aparelho auditivo convencional é constituído pelas seguintes partes: um microfone, um amplificador e um receptor, como podemos observar internamente no esquema de aparelho a seguir:

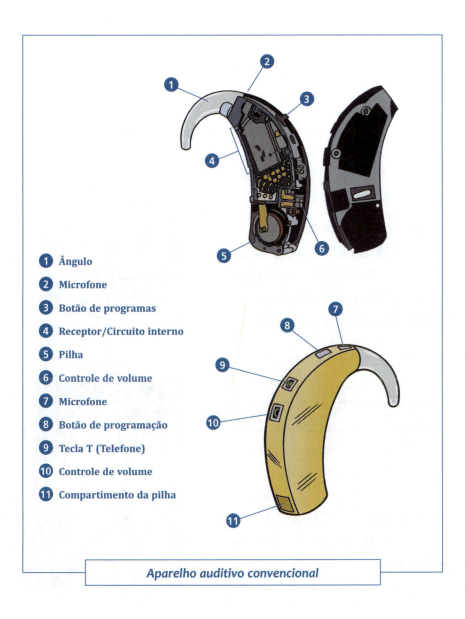

1. Ângulo
2. Microfone
3. Botão de programas
4. Receptor/Circuito interno
5. Pilha
6. Controle de volume
7. Microfone
8. Botão de programação
9. Tecla T (Telefone)
10. Controle de volume
11. Compartimento da pilha

Aparelho auditivo convencional

O aparelho recebe o som através de um microfone, que converte as ondas sonoras em sinais elétricos e os envia a um amplificador. O amplificador aumenta a potência dos sinais e envia para o ouvido através de um receptor.

Um Aparelho de Amplificação Sonora Individual (AASI) em média fornece um ganho de 30 dB. Os AASI funcionam com uma pilha especial (bateria), que deve ser trocada, em média, a cada 10 dias.

1.8.1 Tipos de Aparelhos de Amplificação Sonora Individual

Aparelho de caixinha: o primeiro aparelho mais moderno, criado na década de 1980, foi o "aparelho de caixinha", que apresentava um ganho em torno de 60 decibéis.

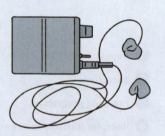

Retroauricular: são os aparelhos mais usados, adaptados atrás da orelha externa e ligados ao molde através de um tubo plástico. São utilizados para todos os tipos de perdas e para todas as idades. Apresentam um ganho em média de 30 decibéis.

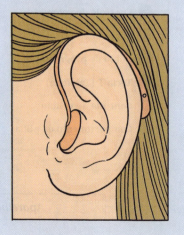

Intracanais: é o aparelho mais estético. Não é aconselhável para crianças pequenas e para pessoas que tenham uma perda auditiva severa ou profunda. Fornece um ganho de até 30 decibéis e é colocado dentro do conduto auditivo externo. É confeccionado a partir do molde auricular de cada indivíduo, ou seja, o molde do usuário é utilizado como "estojo" para o aparelho auditivo, de forma que o circuito é montado dentro do molde.

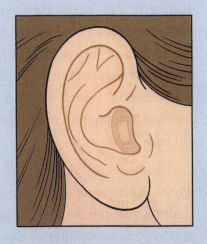

Intra-auricular: aparelho que ocupa todo o pavilhão de entrada do ouvido. Em função do seu tamanho, é o aparelho mais potente dos intracanais, podendo ser utilizado por pessoas que possuem perdas de severas a profundas. É ideal para pessoas que usam óculos e necessitam de uma amplificação potencial.

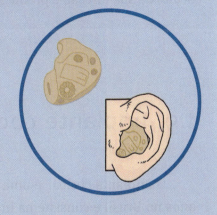

Microcanal: é o menor dos aparelhos auditivos, praticamente invisível para um observador. É indicado nos casos de perdas auditivas leves a moderadas, mas é inadequado para perdas profundas. Não é recomendado para pessoas com pouca mobilidade manual. Totalmente contraindicado para crianças.

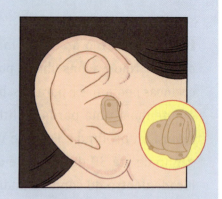

Ponto eletrônico: é um aparelho auditivo com função de microfone, usado atrás ou no interior da orelha, geralmente por apresentadores de TV ou âncoras de um telejornal para a comunicação e devidas orientações de maneira discreta e oculta de sua direção e produção.

1.9 Implante coclear

O implante coclear é uma cirurgia feita há mais ou menos 20 anos no Brasil e consiste na implantação de um equipamento eletrônico computadorizado que substitui, internamente, totalmente o ouvido de pessoas que têm Surdez profunda. Assim, o implante é que estimula diretamente o nervo auditivo através de pequenos eletrodos que são colocados na orelha interna, dentro da cóclea. O nervo leva esses sinais para o cérebro. Funciona como um ouvido biônico.

As primeiras pesquisas com o implante coclear começaram na França, em 1957, e, no início da década de 1970, e foram usadas clinicamente nos Estados Unidos.

É um aparelho muito sofisticado que foi uma das maiores conquistas da engenharia ligada à medicina. Já existem mais de 60 mil pessoas no mundo implantadas.

Indicações:

- Crianças a partir dos 12 meses de idade;
- Adultos que apresentam deficiência auditiva neurossensorial bilateral de grau severo e profundo e que não obtiveram benefícios com o uso de Aparelhos de Amplificação Sonora Individual.

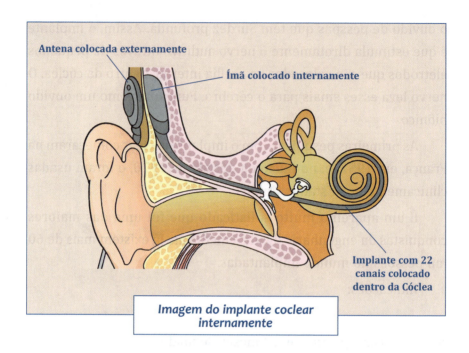

Imagem do implante coclear internamente

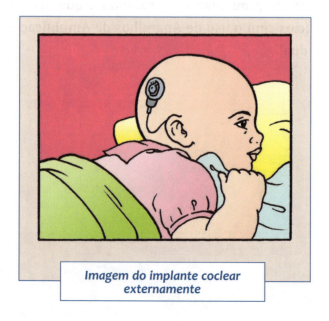

Imagem do implante coclear externamente

CAPÍTULO 2

História da educação de Surdos

O primeiro registro que temos na história da educação dos Surdos está datada do século XII, e refere-se a uma concepção dos gregos e romanos de que os Surdos não eram humanos, devido a sua falta de fala. Em consequência, acreditava-se que os Surdos também não tinham pensamento. Nesta época, os Surdos eram privados de receberem herança, de estar em testamentos, de ter direito à escolarização e eram até proibidos de se casarem.

Aristóteles, um respeitado filósofo da época, acreditava que a audição era o sentido mais importante para o sucesso da escolarização, portanto,

"A linguagem é que dá ao indivíduo a condição de humano."

Aristóteles

baseando-se nisso, os Surdos eram impedidos de receberem instruções educacionais.

Passados três séculos, na Idade Média, a sociedade era dividida em feudos, e a Igreja Católica exercia uma grande influência e tinha um papel fundamental na discriminação das pessoas com deficiência, seguindo os preceitos de que o homem foi criado "à imagem e semelhança de Deus"; portanto, os que não se encaixavam neste padrão de normalidade não eram considerados humanos.

No entanto, os senhores feudais, os nobres que viviam nos castelos, para não dividirem suas heranças com outras famílias, resolviam casar seus filhos com pessoas da mesma família, na qual primos se casavam com primos, tios com sobrinhas, e temos alguns relatos de que até irmãos casavam-se entre si. Era muito comum que os casamentos consanguíneos gerassem descendentes com deficiência e, entre eles, muitos Surdos.

Os Surdos não eram bem aceitos pelas suas famílias e nem pela sociedade, vivendo à margem, não frequentando as reuniões familiares, os jantares, e nem os bailes da época. Geralmente moravam nas casas dos fundos dos castelos e eram criados por amas de leite.

Por não terem uma língua inteligível, os Surdos não tinham como hábito se confessar, o que incomodava demais os dirigentes da Igreja Católica. Uma maneira que a Igreja encontrou para resolver essa situação foi se voltar para o que acontecia nos monastérios, em que os monges viviam em clausuras e por terem feito o voto do silêncio, eram obrigados a permanecerem em silêncio para não passar os segredos das Escrituras Sagradas. Os monges, então, tinham criado uma linguagem gestual rudimentar para poderem se comunicar.

A Igreja Católica resolveu convidar alguns monges para serem preceptores dos Surdos, filhos dos senhores feudais, em troca de grandes fortunas. O primeiro deles foi o monge beneditino Pedro Ponce de León, espanhol que criou, juntamente com dois Surdos espanhóis que foram morar no mosteiro, o primeiro alfabeto manual que temos na história. Temos a impressão de que a criação desse alfabeto tinha como objetivo suprir uma ausência que existia na comunicação oral. Ponce de León teve inúmeros alunos com Surdez e seu trabalho foi reconhecido em toda a Europa por ter alunos com conhecimento em Matemática, História e Filosofia. Pedro Ponce de León, é considerado o primeiro professor de Surdos na história.

Monumento a Pedro Ponce de León, esculpido por Manuel Iglesias Lecio, 1920, encontrado nos Jardines de Buen Retiro em Madri, Espanha.

Muitos senhores feudais mandavam seus filhos para serem educados pelos monges que faziam o trabalho de preceptores, para que adquirissem a fala e, assim, terem direito à herança da família.

O primeiro médico a se preocupar com a saúde dos Surdos foi Gerolamo Cardano, que viveu no século XVI, e que afirmava que a Surdez não era um motivo para impedir os Surdos de receber instruções. Descobriu tal premissa por uma pesquisa em que detectou que a escrita era uma representação dos sons da fala.

Gerolamo Cardano (1501-1576)

No início do século XVII, Juan Pablo Bonet, um padre espanhol que além de filólogo era um soldado a serviço secreto do rei, publicou o primeiro livro que descrevia o alfabeto manual, *Reduccion de las letras y arte para enseñar a hablar los mudos*. Se observarmos, as letras do século XVII apresentavam algumas letras muito parecidas com o alfabeto manual da Língua Brasileira de Sinais, como podemos ver a seguir:

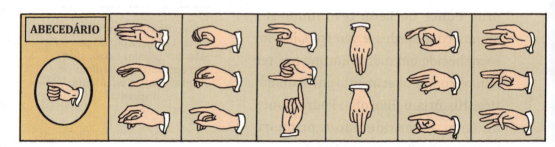

Alfabeto manual da Língua Brasileira de Sinais do século XVII

Porém, alguns estudiosos da época, como é o caso de Jacob Rodrigues Pereira, do final do século XVIII, que era um educador de Surdos português que morava na França, defendiam a oralização dos Surdos, apesar de conhecer a Língua de Sinais. Teve doze alunos que se destacavam por conseguirem fazer uso da língua oral, porém seus críticos alegavam que ele escolhia a dedo os alunos não totalmente Surdos para que pudessem ser oralizados.

Outro estudioso da época que se destacou por acreditar no oralismo foi Johann Konrad Amman, um suíço que além de educador era médico, e completamente contra o uso da Língua de

Sinais. Fazia com que seus pacientes aprendessem a leitura labial e usava espelhos e o tato para que os Surdos percebessem as vibrações e movimentos da laringe e cordas vocais, método muito parecido com as terapias fonoaudiológicas atuais no atendimento de pacientes Surdos.

Todas essas descrições dos métodos usados na educação dos Surdos eram muito veladas e sempre secretas, devido às grandes remunerações que existiam na época para quem obtivesse sucesso na fala ou escrita dos Surdos.

Johann Konrad Amman (1698-1774)

A primeira instituição educacional pública para Surdos foi criada pelo abade francês Charles-Michel de L'Epée, considerado o "Pai dos Surdos", defensor da Língua de Sinais. Foi o Instituto Nacional para Surdos-Mudos[1], em 1760, que atualmente recebe o nome de *Instituto Nacional de Jovens Surdos de Paris*. A escola foi criada com recursos próprios do abade, que eram conseguidos quando reunia seus melhores alunos em praça pública que respondiam a perguntas feitas de forma escrita.

Em 1776, L'Epée publicou o livro *A verdadeira maneira de instruir os Surdos-Mudos.*

A iniciativa de criação de uma escola feita por L'Epée deu ideia para que, em outros lugares do mundo, outros estudiosos montassem suas próprias escolas, o que ocorreu no final do século XVIII.

---

1. Termo usado na época.

O Instituto Nacional para Surdos-Mudos de Paris passou por diversos diretores após a morte de L'Epée, mas uma das gestões merece nossa descrição. Trata-se da direção, em 1814, de Jean-Marc Itard, um médico-cirurgião francês que, em conjunto com Philipe Pinel, o pai da Psiquiatria, lutavam para a erradicação da Surdez, acreditando que assim o Surdo teria acesso ao conhecimento.

Instituto Nacional para Surdos-Mudos de Paris

Uma das experiências mais conhecidas do Instituto foi o trabalho descrito no filme "Victor: o menino selvagem", filmado em 1970, por François Truffaut, que descreve quando Itard encontra um garoto por volta dos 12 anos, no bosque de Aveyron, que ficava ao lado do Instituto, em 1800. O garoto andava de quatro, comendo bolotas de carvalho. Itard, a princípio, acreditou que, pelo motivo de o garoto, conhecido como Victor, não se comunicar de forma oral, fosse Surdo. Sabe-se que o garoto ficou cinco anos no

Instituto, sendo forçado a falar mas que nunca adquiriu linguagem. Esta experiência serviu de inspiração para que a Disney filmasse o "Mogli, o menino lobo".

Cenas do filme: Victor, o menino selvagem

Os relatos da gestão de Itard mostram que o médico fazia atrocidades com seus alunos com o objetivo de descobrir a causa da Surdez. Fazia dissecação dos cadáveres dos Surdos, perfurava a membrana timpânica de seus alunos, usava sanguessugas, provocava fraturas cranianas e sabe-se que um de seus alunos foi levado à morte devido às suas intervenções. Itard era completamente contra o uso da Língua de Sinais, porém, após 16 anos de trabalho com poucos resultados positivos, se rendeu a seu uso.

O próximo diretor do Instituto Nacional de Surdos-Mudos de Paris foi o barão Gérando, que substituiu todos os professores Surdos da escola e trabalhava unicamente na oralização dos alunos com Surdez. Acreditava que os sinais deveriam ser banidos da educação dos Surdos. Também, como muitos outros educadores de Surdos, após anos de trabalho, reconheceu, antes de morrer, que a Língua de Sinais poderia auxiliar na educação dos Surdos.

Em 1864, foi montada a primeira faculdade para Surdos, localizada em Washington, nos Estados Unidos, que existe até hoje com o nome de Universidade de Gallaudet, que mantém como sua primeira língua a Língua de Sinais.

Graham Bell, sua esposa Mabel e suas duas filhas

Alexander Graham Bell, famoso inventor do telefone, foi considerado um grande inimigo dos Surdos, pois além de ser filho de uma Surda, era casado com Mabel, também Surda. Graham Bell acreditava que a Surdez era um desvio, e que os Surdos deveriam estudar com os ouvintes, não por direito, mas para evitar que os Surdos se conhecessem, se casassem, o que, para ele, era um perigo para a sociedade. Criou o telefone em 1876, tentando criar um aparelho de audição para os Surdos.

Um dos marcos na história da educação dos Surdos foi o II Congresso Mundial de Surdos-Mudos que ocorreu em 1880, em Milão, Itália. Neste congresso, 54 países enviaram seus mais renomados estudiosos em Surdez, sendo que apenas um dos participantes era Surdo. Ao final do Congresso, ocorreu uma votação na qual seria escolhida qual a melhor forma de educar os Surdos, pela forma oral ou pelo uso da Língua de Sinais. O participante Surdo foi convidado a se retirar da sala e outros 53 participantes escolheram que a melhor forma de educar os Surdos era pelo oralismo.

As determinações do Congresso foram:

- a fala é incontestavelmente superior aos Sinais e deve ter preferência na educação dos Surdos;
- o método oral puro deve ser preferido ao método combinado.

A partir desta data, os Surdos foram privados de usarem suas línguas maternas, suas línguas de direito. Nesta fase, os Surdos que frequentavam escolas começaram a ter aulas somente na sua forma oral e quando insistiam em usar a Língua de Sinais eram amarrados com suas mãos para trás e, em alguns casos, eram cruelmente açoitados pela palmatória.

Apesar do uso da Língua de Sinais, os Surdos o faziam de forma escondida e malvista. Relata-se que este foi um momento obscuro na história dos Surdos.

A proibição do uso dos sinais levou cem anos para ser contestada, o que levou a um grande insucesso na educação dos Surdos daquela época que, após oito ou dez anos de escolarização, se tornaram sapateiros ou costureiros, não chegando à oralização, e assim eram considerados "retardados[2]".

O uso da Língua de Sinais só passou a ser aceito a partir de 1970, quando a Comunicação Total surgiu como uma metodologia

---

2. Termo utilizado na época.

que tinha como princípio o uso da língua oral e a sinalizada que podiam ser usadas concomitantemente.

A partir de 2000, a metodologia mais usada internacionalmente é o bilinguismo, que preconiza o ensinamento de duas línguas, a Língua de Sinais como língua materna e a língua do país em sua forma escrita, no caso do Brasil, o Português. Concordando com Skliar, (1995:16), *"respeitar a pessoa Surda e sua condição sociolinguística implica considerar seu desenvolvimento pleno como ser bicultural a fim de que possa dar-se um processo psicolinguístico normal".*

2.1 História da educação dos Surdos no Brasil

A educação dos Surdos no Brasil teve início com a vinda da família real. D. Pedro II, que tinha um neto Surdo, filho da Princesa Isabel, convidou o professor francês Hernest Huet para fundar a "Instituto de Surdos Mudos no Rio de Janeiro" em 26 de setembro de 1857, que atualmente recebe o nome de Instituto Nacional de Educação dos Surdos (INES), e se localiza em Laranjeiras, no Rio de Janeiro.

Com a vinda de um primeiro professor francês que fazia uso do alfabeto manual e a Língua de Sinais Francesa, em contato com os Surdos brasileiros, deu-se início à criação da Língua Brasileira de Sinais, o que possibilita afirmarmos que a Língua Brasileira de Sinais tem origem na Língua Francesa de Sinais.

Em 1911, o Instituto aboliu o uso da Língua de Sinais na educação dos Surdos, visto as determinações do Congresso de Milão.

O Instituto possuía 100 vagas para alunos com Surdez de todo o Brasil, sendo que somente 30 vagas eram custeadas pelo governo; atualmente trata-se de um centro de referência para assuntos relacionados à Surdez.

Instituto Nacional de Educação dos Surdos no Rio de Janeiro

Outro Instituto importante para a história da educação dos Surdos no Brasil foi o Instituto Santa Terezinha, fundado em 1929, sendo inicialmente um internato para meninas Surdas.

Outra instituição que muito contribuiu e continua contribuindo para a educação dos Surdos é o Instituto Educacional São Paulo — IESP, que foi fundado em 1954 e posteriormente doado para a Pontifícia Universidade Católica de São Paulo (PUC-SP).

2.2 Legislação vigente

No que se refere à legislação sobre a Educação dos Surdos e da Língua Brasileira de Sinais, temos no Brasil apenas duas leis e um decreto, são eles:

- Lei n. 10.436, de 24 de abril de 2002;
- Decreto n. 5.626, de 22 de dezembro de 2005;
- Lei n. 12.319, de 1º de setembro de 2010.

A primeira lei, datada de abril de 2002, reconhece a Língua Brasileira de Sinais como língua materna usada legalmente pelas pessoas Surdas brasileiras. Entendido no artigo e parágrafo único a seguir :

"Art. 1º É reconhecida como meio legal de comunicação e expressão a Língua Brasileira de Sinais — Libras e outros recursos de expressão a ela associados.

Parágrafo único. Entende-se como Língua Brasileira de Sinais — Libras a forma de comunicação e expressão, em que o sistema linguístico de natureza visual-motora, com estrutura gramatical própria, constituem um sistema linguístico de transmissão de ideias e fatos, oriundos de comunidades de pessoas Surdas do Brasil."

Em complemento da lei de 2002, foi criado o Decreto, datado de dezembro de 2005, que faz muitas indicações sobre como um país deve ser organizado para atender às pessoas com Surdez com equidade de oportunidades. Destacamos a seguir algumas das considerações:

"Art. 3º A Libras deve ser inserida como disciplina curricular obrigatória nos cursos de formação de professores para o exercício do magistério, em nível médio e superior, e nos cursos de Fonoaudiologia, de instituições de ensino públicas e privadas, do sistema federal de ensino e dos sistemas de ensino dos Estados, do Distrito Federal e dos Municípios.

§ 1º Todos os cursos de licenciatura, nas diferentes áreas do conhecimento, o curso normal de nível médio, o curso normal superior, o curso de Pedagogia e o curso de Educação Especial são considerados cursos de formação de professores e profissionais da educação para o exercício do magistério.

§ 2º A Libras constituir-se-á em disciplina curricular optativa nos demais cursos de educação superior e na educação profissional, a partir de um ano da publicação deste Decreto.

Art. 7º [...]

§ 2º A partir de um ano da publicação deste Decreto, os sistemas e as instituições de ensino da educação básica e as de educação superior devem incluir o professor de Libras em seu quadro do magistério.

Art. 9º [...]

Parágrafo único. O processo de inclusão da Libras como disciplina curricular deve iniciar-se nos cursos de Educação Especial, Fonoaudiologia, Pedagogia e Letras, ampliando-se progressivamente para as demais licenciaturas.

Art. 14. [...]

§ 2º O professor da educação básica, bilíngue, aprovado em exame de proficiência em tradução e interpretação de Libras — Língua Portuguesa, pode exercer a função de tradutor e intérprete de Libras — Língua Portuguesa, cuja função é distinta da função de professor docente.

Art. 17. A formação do tradutor e intérprete de Libras — Língua Portuguesa deve efetivar-se por meio de curso superior de Tradução e Interpretação, com habilitação em Libras — Língua Portuguesa.

Art. 20. [...]

Parágrafo único. O exame de proficiência em tradução e interpretação de Libras — Língua Portuguesa deve ser realizado por banca examinadora de amplo conhecimento dessa função, constituída por docentes Surdos, linguistas e tradutores e intérpretes de Libras de instituições de educação superior.

Art. 22. As instituições federais de ensino responsáveis pela educação básica devem garantir a inclusão de alunos com Surdez ou com deficiência auditiva, por meio da organização de:

I — escolas e classes de educação bilíngue, abertas a alunos com Surdez e ouvintes, com professores bilíngues, na educação infantil e nos anos iniciais do ensino fundamental;

II — escolas bilíngues ou escolas comuns da rede regular de ensino, abertas a alunos com Surdez e ouvintes, para os anos finais do ensino fundamental, ensino médio ou educação profissional, com docentes das diferentes áreas do conhecimento, cientes da singularidade linguística dos alunos com Surdez, bem como com a presença de tradutores e intérpretes de Libras — Língua Portuguesa.

§ 2º Os alunos têm o direito à escolarização em um turno diferenciado ao do atendimento educacional especializado para o desenvolvimento de complementação curricular, com utilização de equipamentos e tecnologias de informação.

Art. 26. A partir de um ano da publicação deste Decreto, o Poder Público, as empresas concessionárias de serviços públicos e os órgãos da administração pública federal, direta e indireta devem garantir às pessoas Surdas o tratamento diferenciado, por meio do uso e difusão de Libras e da tradução e interpretação de Libras — Língua Portuguesa, realizados por servidores e empregados capacitados para essa função, bem como o acesso às tecnologias de informação, conforme prevê o Decreto n. 5.296, de 2004."

A partir da publicação do decreto de 2005, muitas ações começaram a ser articuladas para dar melhor atendimento na escola, na saúde e nos espaços públicos para as pessoas com Surdez usuárias da Língua Brasileira de Sinais.

A segunda lei regulamenta a profissão de Tradutor e Intérprete da Língua Brasileira de sinais tendo a Lei n. 12.319, datado de 1º de setembro de 2010.

Os pontos mais importantes da lei são destacados a seguir:

"Art. 2º O tradutor e intérprete terá competência para realizar interpretação das 2 (duas) línguas de maneira simultânea ou consecutiva e proficiência em tradução e interpretação da Libras e da Língua Portuguesa.

Art. 4º A formação profissional do tradutor e intérprete de Libras — Língua Portuguesa, em nível médio, deve ser realizada por meio de:

I — cursos de educação profissional reconhecidos pelo Sistema que os credenciou;

II — cursos de extensão universitária; e

III— cursos de formação continuada promovidos por instituições de ensino superior e instituições credenciadas por Secretarias de Educação.

Parágrafo único. O exame de proficiência em Tradução e Interpretação de Libras — Língua Portuguesa deve ser realizado por banca examinadora de amplo conhecimento dessa função, constituída por docentes Surdos, linguistas e tradutores e intérpretes de Libras de instituições de educação superior.

Art. 6º São atribuições do tradutor e intérprete, no exercício de suas competências:

I — efetuar comunicação entre Surdos e ouvintes, Surdos e Surdos, Surdos e Surdos-cegos, Surdos-cegos e ouvintes, por meio da Libras para a língua oral e vice-versa;

II — interpretar, em Língua Brasileira de Sinais — Língua Portuguesa, as atividades didático-pedagógicas e culturais desenvolvidas nas instituições de ensino nos níveis fundamental, médio e superior, de forma a viabilizar o acesso aos conteúdos curriculares;

III — atuar nos processos seletivos para cursos na instituição de ensino e nos concursos públicos;

IV — atuar no apoio à acessibilidade aos serviços e às atividades-fim das instituições de ensino e repartições públicas; e

V — prestar seus serviços em depoimentos em juízo, em órgãos administrativos ou policiais.

Todas estas legislações são muito recentes no Brasil e muitas outras determinações devem ser feitas para que cada vez mais a pessoa com Surdez seja tratada, atendida e respeitada na sua Língua materna de forma cada vez mais adequada.

■ **CAPÍTULO 3**

Língua Brasileira de Sinais

A ntes de entendermos a Língua Brasileira de Sinais, vamos nos debruçar sobre o entendimento de alguns pontos importantes para nosso futuro entendimento.

3.1 Comunicação e língua

Uma das características mais importantes dos humanos e dos demais animais é a capacidade de comunicação.

Segundo Quadros e Karnopp (2004: 28), "a língua é um sistema padronizado de sinais/sons arbitrários, caracterizados pela estrutura dependente, criatividade, deslocamento, dualidade e transmissão cultural. Isto é verdade para todas as línguas no mundo".

Esta comunicação pode ser feita através dos sinais, de ruídos, de imagens, da escrita, da mímica, dos sons e da fala. Alguns estudos indicam que nos comunicamos na maior parte do tempo pela fala, como podemos observar no gráfico a seguir:

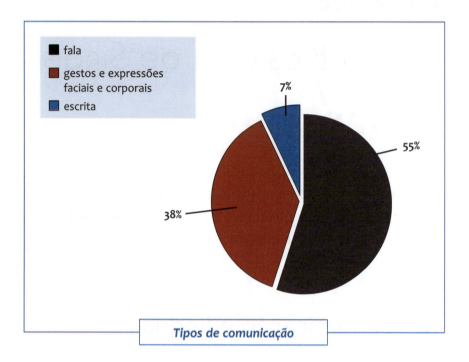

Tipos de comunicação

Muitas vezes, quando temos que nos comunicar numa língua estrangeira que não dominamos, usamos, de forma intuitiva, alguns gestos, mímicas e expressões faciais para nos fazer entender, ou seja, é uma forma de comunicação sinalizada.

Faz parte da origem da linguagem humana se comunicar também de forma sinalizada e não apenas de forma oral.

3.2 Língua de Sinais

As línguas de sinais podem ser comparadas em qualquer língua oral, tamanha é sua complexidade e expressividade, apesar de ser uma língua com uma modalidade diferente, não oral-auditiva como nas línguas orais, e sim visomotora por se tratar de uma língua feita no espaço através do movimento das mãos e percebida através da visão.

A Língua de Sinais, como já visto anteriormente, surgiu nos mosteiros na Idade Média, entre monges que estavam enclausurados e faziam voto do silêncio. Criaram uma forma rudimentar de se comunicar por gestos e mímicas, afinal tinham feito voto de silêncio. Olhando para esta forma de comunicação que acontecia dentro dos mosteiros, Pedro Ponce de León resolveu utilizá-la com as pessoas Surdas que moravam nos castelos dos senhores feudais.

Depois de muitas proibições, a Língua de Sinais foi considerada a língua natural e materna das pessoas Surdas.

Ao contrário do que muitas pessoas acreditam, as línguas de sinais são línguas complexas, com semântica, sintaxe, morfologia e estrutura e gramática específica. As línguas de sinais em nada são inferiores às línguas orais. Através das línguas de sinais pode--se dialogar em qualquer assunto: política, economia, filosofia, literatura, ciência, sentimentos, poesias, piada, teatro, filmes, entre outros.

As línguas de sinais não são universais, pois cada país tem a sua própria língua de sinais. Mesmo países com a mesma língua oral se utilizam de uma língua de sinais específica. Por mais que muitas pessoas achem isso uma desvantagem, acreditamos que a

Língua de Sinais é uma representação linguística de determinado povo, por este motivo é importante que cada país tenha a sua língua de sinais.

No Brasil, a língua de sinais chama-se Língua Brasileira de Sinais e usamos a sigla Libras para identificá-la. Em outros países temos:

FRANÇA	Langue de Signaux Française (LSF)
ESPANHA	Lengua de Signos Española (LSE)
PORTUGAL	Língua Gestual Portuguesa (LGP)
MÉXICO	Lengua de Senhas Mexicana (LSM)
ESTADOS UNIDOS E CANADÁ	American Sign Language (ASL)
ALEMANHA	Deutsche Gebärdensprache (DGS)

Além das pessoas de determinado país terem uma língua oficial para aquele país, temos o regionalismo, que é uma maneira diferenciada de cada estado, cada grupo de pessoas, cada bairro, cada região mostrar sua maneira diferente de fazer alguns sinais. Chamamos este fenômeno de regionalismo da Língua de Sinais. Além disso, as línguas de sinais, assim como as línguas orais, são línguas vivas e são atualizadas a cada minuto em que um novo sinal é criado, um velho sinal reformulado etc.

O que chamamos de palavras nas línguas orais chamamos de sinais nas línguas de sinais. Algumas diferenças são encontradas entre a Língua Portuguesa e a Língua Brasileira de Sinais, por exemplo:

LÍNGUA PORTUGUESA	LÍNGUA BRASILEIRA DE SINAIS
Presença de conjugação verbal	Ausência de conjugação verbal: quando necessário é usado somente passado, presente ou futuro.
Presença da concordância de gênero	Ausência de concordância de gênero: quando necessário é usado somente os sinais de homem e mulher.
Presença de artigo e preposições	Ausência de artigos e poucos usos de preposições
Presença de um alfabeto fonêmico	Presença de um alfabeto manual: conjunto de sinais que representam cada letra da Língua Portuguesa.
Soletração	Datilologia

3.3 Alfabeto Manual

O alfabeto manual da Língua Brasileira de Sinais é usado para descrever alguma palavra que não tenha um sinal específico, nomes próprios, endereços etc.

O alfabeto manual da Língua Brasileira de Sinais está descrito a seguir:

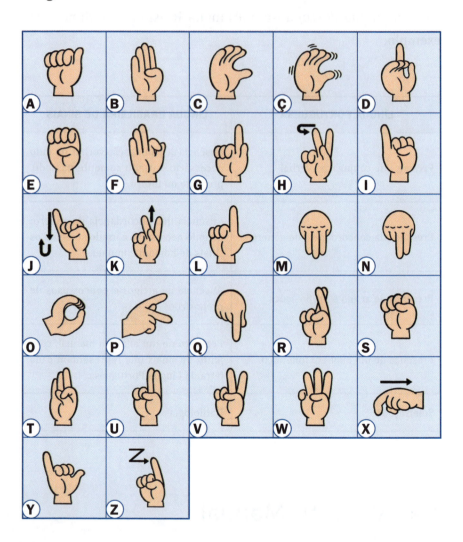

Inclusão Educacional de alunos com Surdez

Como dito anteriormente, cada país tem a sua língua de sinais, e, desta forma, tem a sua maneira específica de realizar as letras do alfabeto manual. A seguir, alguns alfabetos manuais usados em outras línguas:

Alfabeto Manual da Língua Gestual Portuguesa (LGP)

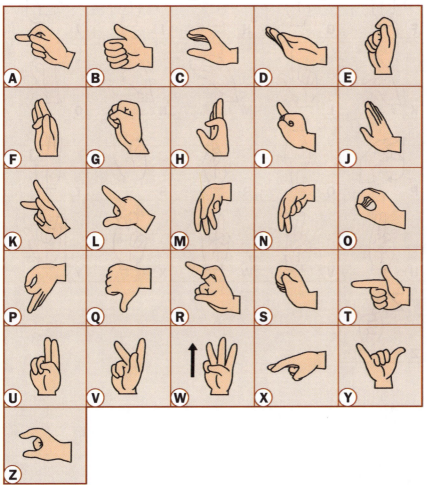

Alfabeto Manual da Langue de Signaux Française (LSF)

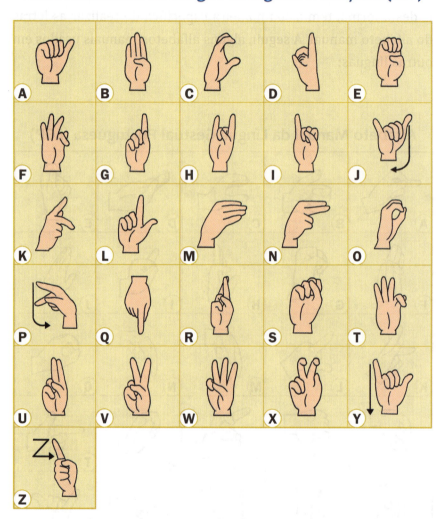

Inclusão Educacional de alunos com Surdez

Alfabeto Manual da American Sign Language (ASL)

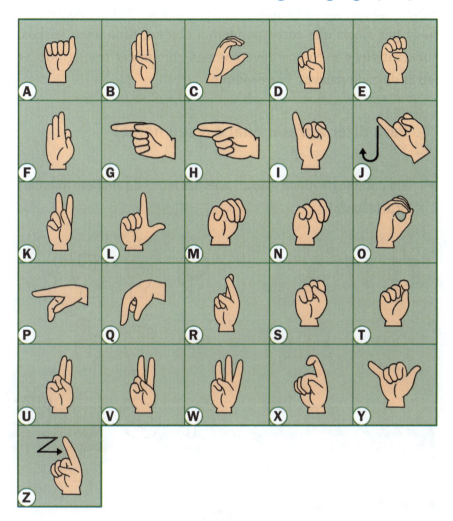

Devemos fazer o uso correto do alfabeto manual. A Língua de Sinais não é formada de tradução de letra por letra, e, sim, constituída por sinais que correspondem a objetos, pronomes, verbos, substantivos etc. Nunca devemos nos comunicar traduzindo as letras de cada palavra. Por exemplo:

Para dizer a frase: qual é o seu nome?

- Em datilologia (descrição através das letras do alfabeto manual) ficaria assim:

- Em Libras ficaria:

Neste caso, com apenas um sinal se transmite uma frase que precisamos de quatro palavras para pronunciá-la na Língua Portuguesa.

3.4 Sinal pessoal

As pessoas Surdas e as pessoas que convivem com os Surdos são presenteadas por um sinal pessoal. Este sinal é o "sinal de batismo" em Língua Brasileira de Sinais para representar aquela pessoa. Este sinal é sempre dado por uma ou mais pessoas Surdas e expressam alguma característica da pessoa, como por exemplo:

- Um traço físico;
- Uma pinta;
- O uso de óculos;
- Um jeito de o cabelo cair no rosto;
- Uma atividade esportiva etc.

Geralmente este sinal não é mudado; mesmo se a característica pessoal mudar, na maioria das vezes permanece o sinal pessoal.

Anteriormente, usava-se uma letra do nome da pessoa para ser uma das características do sinal pessoal; hoje em dia esta prática não é mais usada.

Ter um sinal pessoal faz parte da identidade pessoal das pessoas Surdas. Não faz parte da Comunidade Surda receber um sinal de uma pessoa ouvinte, ou a própria pessoa se dar um sinal que ache mais adequado.

3.5 Origem da Língua Brasileira de Sinais

A Língua Brasileira de Sinais teve sua origem da Língua Francesa de Sinais, devido à vinda de um professor francês, Eduard Huet, com a família real portuguesa.

Dom Pedro II tinha um neto Surdo, filho da Princesa Isabel, e com a vinda da família real para o Brasil, um professor francês, Hernest Huet, é convidado para fundar a primeira escola de educação de Surdos (atual INES — Instituto Nacional de Educação dos Surdos), localizada na cidade do Rio de Janeiro, em 1855.

Como o primeiro professor a trabalhar com os Surdos no Brasil havia ficado Surdo aos 12 anos e era um ótimo usuário de Língua de Sinais francesa, a Língua Brasileira de Sinais teve influência da Língua Francesa de Sinais.

Hernest Huet, então, em contato com os Surdos do Brasil, começa a elaborar uma nova língua de sinais, a Língua Brasileira de Sinais — Libras.

3.6 Terminologia adequada

Quando a pessoa ouvinte começa a conviver com a pessoa Surda, a primeira dúvida geralmente é como esta pessoa deve ser chamada.

As dúvidas giram em torno de: Surda? Surda-muda? Deficiente auditiva? Baixa audição? Pessoa portadora de Surdez? Pessoa portadora de deficiência auditiva?

O termo correto para nos referirmos à pessoa é:

1. quando ela tiver uma perda de audição severa ou profunda e, além disso, se comunicar pela Língua Brasileira de Sinais: pessoa com Surdez ou Surda;
2. quando ela tiver uma perda de audição leve ou moderada e, além disso, se comunicar pela língua oral: pessoa com deficiência auditiva.

Não devemos usar o termo portador, pois denota carregar, o que não é o caso da deficiência, seja ela qual for.

Outra terminologia correta que devemos usar é no que se refere a Libras. O nome correto é Libras ou Língua Brasileira de Sinais. Nunca devemos usar o termo linguagem quando nos referimos a Libras.

Demoramos em média três anos para aprender Libras e a melhor maneira é com um professor Surdo para que, além de aprender a língua, ter contato com a comunidade e Cultura Surda.

■ CAPÍTULO 4

Cultura e identidade Surda

Antes de estudarmos o conceito de Cultura Surda, é importante fazermos uma breve discussão sobre o conceito de cultura.

4.1 Cultura e cultura Surda

De acordo com Laraia (2009: 10), a primeira noção de cultura foi datada de quatro séculos antes de Cristo, quando Confúcio indica que "a natureza dos homens é a mesma, são os seus hábitos que os mantêm separados".

A verdade é que os homens sempre tiveram diferentes comportamentos entre os diferentes povos. Para explicar estas diferenças, podemos nos deter aos conceitos de determinismo biológico e determinismo geográfico.

4.1.1 Determinismo biológico

Quanto ao determinismo biológico, destacamos:

Os dados científicos de que dispomos atualmente não confirmam a teoria segundo a qual as diferenças genéticas hereditárias constituiriam um fator de importância primordial entre as causas das diferenças que se manifestam entre as culturas e as obras das civilizações dos diversos povos ou grupos étnicos. Eles nos informam, pelo contrário, que essas diferenças se explicam, antes de tudo, pela história cultural de cada grupo. Os fatores que tiveram papel preponderante na evolução do homem são a sua faculdade de aprender e a sua plasticidade. Esta dupla aptidão é o apanágio de todos os seres humanos. Ela constitui, de fato, uma das características específicas do *Homo sapiens* (Unesco, 1950, apud Laraia, 2009).

E, ainda, foi indicado na Declaração das Raças da Unesco, em 18 de julho de 1950, que "as pesquisas científicas revelam que o nível das aptidões mentais é quase o mesmo em todos os grupos étnicos".

Quanto ao dimorfismo sexual, cada vez fica mais claro que, mesmo considerando as diferenças anatômicas e fisiológicas entre os gêneros, homens e mulheres ocupam lugares e profissões que, anteriormente, eram determinados como "profissão de homem" ou "profissão de mulher". Atualmente, mulheres estão no comando de multinacionais, aviões, e até chegando à Presidência da República, como no caso do Brasil, enquanto homens estão trabalhando como cuidadores de crianças, cozinheiros e faxineiros, o que antes era visto como profissões puramente femininas.

Portanto, de acordo com Laraia (2009: 20) as diferenças que eram determinadas por uma racionalidade biológica hoje são determinadas culturalmente, o que é explicado pelo conceito de endoculturação, no qual um menino ou uma menina age de diferente maneira em decorrência da educação que recebe, ou seja, da cultura em que está inserido, e não em função de seus hormônios.

4.1.2 Determinismo geográfico

Segundo Laraia (2009: 21), no determinismo geográfico é entendido que são as diferenças do ambiente físico que explicam as diversidades culturais. Para alguns estudiosos, uma das explicações que influenciava os costumes, os hábitos e a cultura de um povo se determinava pelo clima e pela influência geográfica que, juntos, explicavam os fatores culturais de determinado povo. Porém, observando diferentes povos que habitam espaços semelhantes em clima e geograficamente, podemos perceber que as pessoas apresentam maneiras diferentes de enfrentar as mesmas adversidades.

No que se refere ao determinismo biológico e ao determinismo geográfico, pode-se perceber que as diferenças que existem entre os povos não podem ser explicadas pela diferença biológica nem pelo seu meio ambiente. A explicação se dará pela cultura.

4.2 Cultura e identidade

A cultura é a manifestação de diferentes aspectos com que cada uma das comunidades se apresenta. Pela simples maneira de se expressar pode se descobrir em qual cultura a pessoa está inserida.

Identidade é definida como:

fonte de significado e experiência" e ainda "o produto de construção de significado com base em um atributo cultural, ou ainda um conjunto de atributos culturais inter-relacionados, o(s) qual(ais) prevalece(m) sobre outras fontes de significado. (Castells , 1999: 22)

4.2.1 Cultura Surda

Para algumas pessoas ouvintes, a falta de audição determina uma perda, uma desvantagem. E para estas pessoas, ser ouvinte é melhor do que ser SURDO. Um dos exemplos que podemos citar é quando encontramos uma mulher que esta grávida e perguntamos "Você prefere que seu bebê seja menino ou menina?", e escutamos a resposta: "Espero que venha com saúde". Para as pessoas Surdas, a ausência ou diminuição deste sentido representa uma identidade, uma maneira de se relacionar com as outras pessoas, ou seja, determinam uma maneira diferente de encarar a vida, e não uma diminuição, uma desvantagem perante as pessoas ouvintes, é apenas uma maneira diferente de viver, nem melhor, nem pior, apenas diferente.

Um exemplo que podemos citar no que se refere a isso é uma história real que aconteceu nos Estados Unidos.

Um casal de americanas homoafetivas Surdas (Sharon Duchesneau e Candace McCullough) escolheram ter filhos através da inseminação artificial. A única exigência delas é que seus filhos também fossem Surdos. Elas contaram com a ajuda de um amigo Surdo da família que se prontificou a doar o esperma necessário para a inseminação. O casal homoafetivo tem, atualmente, dois filhos, Jehanne, de 15 anos, e Gauvin, de 10 anos. Até este ponto a história pode se parecer com muitas outras que ouvimos falar ou que conhecemos. Mas a história vai além disso, pois tornou-se grande polêmica, porque muitos questionam o direito de as crianças nascerem saudáveis, e escolher um filho com deficiência vai contra todas as determinações bioéticas. Por outro lado, alguns Surdos se solidarizam com as mães que desejam ter filhos parecidos com elas.

Faz parte da comunidade Surda apresentar uma maneira diferente de viver. Iremos destacar que existem formas diferentes de encarar as limitações, tanto dos ouvintes quanto das pessoas Surdas, por exemplo:

ASSUNTO	SURDOS	OUVINTES
Conversar embaixo da água	Os Surdos podem conversar em Libras embaixo da água.	Ouvintes não conseguem se comunicar pela fala na mesma situação.
Conversar no escuro	Os Surdos não conseguem se comunicar em ambientes escuros pela Libras por se tratar de uma língua viso-motora.	Ouvintes conversam no escuro sem dificuldades pois é uma língua oral-auditiva.
Comunicação em ambientes lotados ou barulhentos	Os Surdos se comunicam sem problemas em ambientes lotados ou barulhentos.	Ouvintes precisam gritar para se fazerem entender na mesma situação.
Comunicação pelo telefone	Os Surdos precisam de um intermediário para que a ligação telefônica seja estabelecida, problema este resolvido atualmente com os serviços de mensagens de texto dos celulares.	Ouvintes se comunicam pelo telefone com facilidade.

Inclusão Educacional de alunos com Surdez

ASSUNTO	SURDOS	OUVINTES
Comunicação enquanto se alimentam	Os Surdos podem se comunicar enquanto se alimentam sem parecer sem educação, pois se comunicam pelas mãos.	Ouvintes que se alimentam e falam ao mesmo tempo são vistos como mal-educados.
Comunicação enquanto dirigem	Os Surdos ao volante que tentarem se comunicar com as mãos estarão correndo o perigo de acidentes.	Ouvintes podem dirigir enquanto conversam sem precisar tirar os olhos do trânsito.
Oração	Os Surdos fazem suas orações em Libras e, para manterem-se unidos com as pessoas ao seu redor, em vez de darem as mãos, aproximam seus pés.	Os ouvintes fazem suas orações com mãos unidas pois sua forma de comunicação é oral.

Estes são apenas alguns exemplos da maneira de encarar a vida de Surdos e ouvintes. Um depoimento de um ator Surdo nos esclarece esta questão da diversidade:

A Surdez deve ser reconhecida como apenas mais um aspecto das infinitas possibilidades da diversidade humana, pois ser Surdo não é melhor ou pior do que ser ouvinte, é apenas diferente. (Pimenta, 2001, p. 24)

4.2.2 Identidade Surda

Apresentando-se uma Cultura Surda sólida e íntegra, podemos dizer que se forma uma Identidade Surda de maneira a um pertencimento a esta cultura que constrói a maneira de as pessoas com Surdez se situarem no contato com as demais pessoas, sua identidade.

Quanto mais a pessoa com Surdez tiver uma Identidade Surda, mais próximo estará da Cultura Surda. E este é um dos motivos para explicar a predileção dos Surdos por se relacionarem com outras pessoas Surdas, fortalecendo, assim, sua identidade e, em consequência, sua cultura.

O fortalecimento da comunidade Surda é importante para que as pessoas Surdas possam se unir para discutir seus direitos à educação, ao trabalho, à cultura, à vida e ao bem-estar de todos. Geralmente, em algumas cidades acontecem manifestações culturais e palestras no dia do Surdo, comemorado em 26 de setembro. A data foi escolhida por ser a da fundação do Instituto Nacional de Educação dos Surdos (INES).

4.3 Tecnologia Surda

Atualmente os recursos tecnológicos melhoram muito a qualidade de vida das pessoas Surdas, entre eles:

- **Celular:** o uso dos torpedos e serviços de mensagem de texto facilita a comunicação, evitando ter intermediários para ligações;

Inclusão Educacional de alunos com Surdez

- **Computador:** o uso de e-mail e o acesso à internet facilitam as pesquisas, os encontros, os compromissos, entre outras atividades;

- **Telefone para Surdos (TS):** possibilitou uma autonomia e independência muito importante para as pessoas com Surdez. O TS pode ser instalado em residências, em locais públicos e entidades privadas.

O TS (Telefone de Surdos) é a versão brasileira do Telecommunications Device For The Deaf (TDD). O equipamento custa em média R$ 470,00. Funciona como um telefone público comum que é acoplado a um aparelho de te-

letexto. Deve-se retirar o telefone do gancho, colocá-lo no aparelho de teletexto e discar para uma operadora de telefonia disponível. Um atendente faz o serviço de intermediação entre a pessoa Surda e a pessoa com quem se deseja se comunicar.

O TS pode também ser solicitado para ser instalado na casa de uma pessoa com Surdez. No caso de esta pessoa ligar para outra pessoa Surda que também tenha o TS, a ligação ocorre sem nenhuma intermediação.

- **Campainhas, telefones, babás eletrônicas com sinalização luminosa ou alerta vibratório:** estes equipamentos contribuem cada vez mais para a autonomia da pessoa com Surdez.

- **Despertadores vibratórios:** estes equipamentos vibram no horário preestabelecido, dando autonomia para a pessoa com Surdez. Geralmente é colocado embaixo do travesseiro ou numa pulseira no pulso.

- **Televisão:** o uso de Cosed Caption (legendas) ou tela de intérpretes traz conhecimento e entretenimento para as pessoas Surdas.

A interface e o convívio entre as duas culturas constituem cenário multicultural, no qual não há melhores nem piores, somente diferentes.

CAPÍTULO 5

Concepção de alfabetização do aluno com Surdez

Antes de tratarmos da concepção de alfabetização do aluno com Surdez iremos abordar as características e legislações que norteiam a educação inclusiva.

5.1 Educação inclusiva

A definição que iremos abordar de Educação Especial é do Conselho Nacional de Educação (CNE) nas *Diretrizes Nacionais para a Educação Especial na Educação Básica* na Resolução n. 02 de 2002, em que cita:

> *Educação Especial, modalidade de educação escolar, entende-se como um processo educacional que se materializa por meio de um conjunto*

de recursos e serviços educacionais especiais, organizados para apoiar, complementar, suplementar e, em alguns casos, substituir os serviços educacionais comuns, de modo a garantir a educação formal e promover o desenvolvimento das potencialidades dos educandos que apresentam necessidades educacionais especiais, diferentes das da maioria de crianças e jovens, em todos os níveis e modalidades de educação e ensino.

Algumas medidas devem ser tomadas no que se refere a termos uma classe de aula inclusiva:

a. Atividades em classes comuns em escolas regulares com professores capacitados;

b. Presença do intérprete de Língua Brasileira de Sinais na sala de aula em que está inserido o aluno com Surdez;

c. Apoio pedagógico especializado realizado em Salas de Atendimento Educacional Especializado (AEE) no contra turno da matrícula do aluno. A presença numa sala de aula não dispensa a presença na outra.

No caso de a escola ter mais de um aluno com Surdez no mesmo ano escolar, é adequado que fiquem matriculados na mesma sala de aula, com a presença do intérprete de Libras. Esta aproximação de dois ou mais alunos com Surdez na mesma sala de aula garante a afirmação da Identidade Surda e a troca de dúvidas e conhecimento.

Sempre que tivermos um aluno com Surdez na nossa sala de aula, é importante que os alunos ouvintes tenham oportunidade de aprender a Língua Brasileira de Sinais para troca e interação com o aluno com Surdez.

Inclusão Educacional de alunos com Surdez

A Lei Federal n. 9.394/96, em seu artigo 59, oferece respaldo para o atendimento dos alunos com deficiência, neste caso, alunos com Surdez:

"I — currículos, métodos, técnicas, recursos educativos e organização específicos, para atender às suas necessidades;

II — terminalidade específica para aqueles que não puderem atingir o nível exigido para a conclusão do ensino fundamental, em virtude de suas deficiências, e aceleração para concluir em menor tempo o programa escolar para os superdotados;

III — professores com especialização adequada em nível médio ou superior, para atendimento especializado, bem como professores do ensino regular capacitados para a integração desses educandos nas classes comuns;

IV — educação especial para o trabalho, visando a sua efetiva integração na vida em sociedade, inclusive condições adequadas para os que não revelarem capacidade de inserção no trabalho competitivo, mediante articulação com os órgãos oficiais afins, bem como para aqueles que apresentam uma habilidade superior nas áreas artística, intelectual ou psicomotora;

V — acesso igualitário aos benefícios dos programas sociais suplementares disponíveis para o respectivo nível do ensino regular." (Lei de Diretrizes e Bases da Educação Nacional).

A lei também prevê que o Estado assegure o acesso gratuito ao Ensino Fundamental e ao Ensino Médio, inclusive para alunos que o procurarem em idade avançada.

Ainda tomando por base a legislação brasileira, a Lei n. 10.098/2000 indica em seus artigos 17 e 18 que o poder público deve tomar providências para eliminar as barreiras de comunicação, a fim de garantir "às pessoas portadoras de deficiências sensoriais e com dificuldades de comunicação o acesso à informação, à educação (...)", em que se inclui promover "a formação de profissionais intérpretes de língua de sinais para facilitar qualquer tipo de comunicação direta à pessoa portadora de deficiência sensorial e com dificuldade de comunicação".

5.2 Oralismo

A abordagem do oralismo para alunos com Surdez era usada por escolas tradicionais ou especiais e caíram em desuso a partir de 1970, quando a proposta do Congresso de Milão em educar os alunos com Surdez por intermédio da fala foi abolida devido ao insucesso da abordagem.

A abordagem do oralismo é baseada na "capacidade" da pessoa com Surdez se comunicar através da língua oral e estabelecer todo o entendimento da comunicação apenas pela fala. Alguns recursos usados nesta abordagem são a leitura labial, o uso de Aparelhos de Amplificação Sonora Individual, a terapia fonoaudiológica durante muitos anos etc.

Nesta abordagem, o uso da Língua Brasileira de Sinais é completamente proibido.

Segundo Goldfeld (1997) aponta, o oralismo é uma abordagem que visa à integração da criança Surda na comunidade ouvinte, enfatizando a língua oral dos pais (Goldfeld, 1997).

Neste caso, apresenta-se uma tendência à normalização da pessoa com Surdez, querendo que a sociedade mantenha-se sem nenhuma mudança para inserir a pessoa com Surdez, e sim, a pessoa Surda que deve se adaptar à comunidade que se apresenta ouvinte.

A abordagem não obteve bons resultados devido à dificuldade de a pessoa com Surdez desenvolver a língua oral, e ocasionando:

a. Déficits cognitivos: devido à falta de uma língua eficiente para estruturar o pensamento, muitos alunos adeptos do oralismo desenvolveram um problema de aprendizagem muito severo e até psicotizaram;

b. Fracasso escolar: depois de 8 a 10 anos na abordagem oralista, muitos alunos com Surdez saíram da escola sapateiros ou costureiros, sem terem aprendido a ler ou escrever;

c. Dificuldades no relacionamento familiar: como o aluno com Surdez não estabelecia uma língua oral satisfatória nem uma língua de sinais, apresentava-se de maneira ininteligível no ambiente familiar, excluindo-se deste contato;

d. Falta de Identidade Surda: pela falta de contato com outros Surdos ou até a negação da condição de pessoa com Surdez, os alunos que participaram desta abordagem não tinham uma Identidade Surda nem participavam da Comunidade Surda, o que trazia inúmeros prejuízos psicológicos.

5.3 Comunicação total

Com a visita de uma educadora de Surdos da Universidade de Gallaudet, Ivete Vasconcelos, na década de 1970, as escolas especiais do Brasil começaram a implementar uma nova abordagem de educar os alunos com Surdez: a Comunicação Total.

A abordagem da Comunicação Total foi uma abordagem muito usada na década de 1980, época em que estava acontecendo o liberalismo da geração *hippie*.

A abordagem da Comunicação Total levava em consideração todas as formas possíveis de comunicação, liberando o uso da Língua Brasileira de Sinais, português sinalizado, uso de alfabeto manual, forma de amplificação sonora individual e coletiva, permissão de mímicas, leitura labial etc.

A abordagem não tinha uma estrutura específica e possibilitava toda e qualquer forma de comunicação possível, porém, não tendo propiciado o desenvolvimento educacional esperado, também caiu em desuso e foi abolido a partir de 2000.

Uma das atribuições do fracasso da Comunicação Total é a falta de inserção na Comunidade Surda, da Identidade Surda e do uso adequado da Língua Brasileira de Sinais, como forma efetiva de comunicação das pessoas Surdas.

5.6 Bilinguismo

A proposta do bilinguismo foi importada da Suécia, em 2000, e a abordagem bilíngue se propõe a educar as pessoas com Surdez por intermédio de duas vertentes:

a. Pela Língua Brasileira de Sinais (Libras), que é a sua língua materna por excelência (L1);

b. Pela Língua Portuguesa na sua forma escrita (L2).

Neste caso, o aluno que está matriculado em uma escola adepta da metodologia bilíngue tem como proposta assegurar o entendimento das aulas e conteúdos que sejam ministrados em Libras ou traduzidos por um intérprete, além de se comprometer com a alfabetização deste aluno na Língua Portuguesa. O treinamento e responsabilidade quanto à fala do aluno não são obrigações da escola, cabendo a este critério uma escolha individual do aluno e de sua família.

Como esta abordagem é bastante recente no Brasil, muito ainda se tem a elaborar, estudar, pesquisar e se adaptar, visto que é uma metodologia importada de um país completamente diferente em estrutura escolar e principalmente política do Brasil. O uso da metodologia está assegurado através do Decreto Federal n. 5626, de 22 de dezembro de 2005.

O aprendizado da Língua Brasileira de Sinais poderá acontecer na escola (na maioria dos casos) ou na própria família (nos casos de pais Surdos).

Um dos fatores mais importantes para nos atentarmos quando pensamos alfabetização de alunos com Surdez é o fato de este aluno chegar à escola, na maioria das vezes, órfão de uma língua, às vezes aos 5 ou 6 anos, devido ao fato de ter pais ouvintes que não conhecem a Língua de Sinais. Este fator é diferente quando estamos nos referindo a alunos sem deficiência que aprendem a sua língua materna na sua família e chegam à escola com uma língua efetiva que possibilita sua comunicação. Este é um dos fatores que explicam o atraso na aquisição de língua escrita pelas crianças com Surdez.

A aprendizagem da Libras pelo aluno com Surdez na escola deverá acontecer por instrutor Surdo, em horário de contraturno da matrícula. Este ensinamento poderá acontecer em salas de Atendimento Educacional Especializado (AEE).

É de suma importância que o aluno com Surdez seja inserido numa experiência de aprendizagem com adulto Surdo para o conhecimento exato da Língua Brasileira de Sinais, do contato com a Cultura Surda, e para começar a desenvolver uma Identidade Surda e poder ter um modelo adulto usuário de uma língua estruturada adequadamente.

A fase de alfabetização de alunos com Surdez só acontecerá se ele tiver uma língua estruturante de pensamento, neste caso, a Libras.

Quanto à alfabetização de alunos com Surdez, sabe-se que é um processo mais difícil do que a alfabetização de alunos considerados normais devido ao fato de a alfabetização ocorrer em língua diferente da língua usual, ou seja, a língua materna.

É muito importante que o espaço em que o aluno com Surdez esteja inserido seja bilíngue, ou seja, na Língua de Sinais e na Língua Portuguesa, de preferência em sua forma escrita.

Cabe ao espaço de AEE também garantir o aperfeiçoamento dos conteúdos da Língua Portuguesa ministrados pela professora de sala de aula.

■ **CAPÍTULO 6**

Ensino de Língua Portuguesa para alunos com Surdez

Como vimos nos capítulos anteriores, os alunos com Surdez chegam à escola com um conhecimento linguístico muito reduzido em comparação com alunos sem deficiência. Isso ocorre devido ao fato de o aluno sem deficiência chegar à escola com conhecimento acumulado de vivência na sua língua materna (Língua Portuguesa) que acontece de maneira incidental, em forma de diálogos com sua família, durante a contação de histórias infantis, assistindo a filmes e programas infantis etc.

Já o aluno com Surdez, na maioria das vezes, nasce em uma família de ouvintes que não conhece a Língua de Sinais e até apresenta certo preconceito em relação a que seu filho se comunique pela Língua Brasileira de Sinais. Portanto, é muito comum que o primeiro contato do aluno com Surdez com a Língua Brasileira de Sinais aconteça pela primeira vez na sua inserção na escola.

Pelo fato de as crianças com Surdez chegarem à escola sem este conhecimento *a priori* da Língua Portuguesa, faz-se necessário sua imediata inserção em uma sala de Atendimento Educacional Especializado (AEE) para a aquisição da Língua Brasileira de Sinais.

A aquisição de Língua Portuguesa na sua forma escrita se dará entendendo a língua como atividade discursiva, e não meramente uma repetição de palavras e frases; por este motivo, o aprendizado acontece mediante um texto, ou uma música, ou uma parlenda, de forma que o texto possa trazer compreensão e entendimento de uma mensagem. Mais importante que a reprodução ou cópia é o entendimento do que leram ou escreveram.

O professor tem como tarefa não fazer uma correção de adequação morfossintática, apenas focando nos erros gramaticais que possam aparecer na escrita de seu aluno com Surdez, mas ser um mediador entre o texto e as aprendizagens do aluno que ora se dará na língua de sinais, ora acontecerá na Língua Portuguesa na sua forma escrita.

A preocupação do professor de alunos com Surdez é a de inserir os alunos em atividades cada vez mais discursivas e contextualizadas, em vez de lista de palavras e frases isoladas.

Uma das preocupações do professor de alunos com Surdez é o ensino da gramática da Língua Portuguesa, que se apresenta de forma completamente diferente da gramática da Língua Brasileira de Sinais. Neste caso, o ensinamento da gramática se dará também no texto e não em forma de regras gramaticais a serem seguidas.

Os exercícios devem ser interativos e próximos do conhecimento de mundo do aluno com Surdez. Nesta metodologia, os exercícios repetitivos e formais não são a base da aprendizagem, e sim aqueles que instigam o aluno a descobrir num texto (entendido por ele) quais as regras de funcionamento da Língua Portuguesa. Este entendimento pode ocorrer por meio de mediações pedagógicas pontuais, por levantamento de hipóteses, momento de reflexão sobre o texto escrito etc.

O objetivo principal é que o aluno possa fazer uso da Língua Portuguesa na sua forma escrita (na escrita e na leitura) de maneira efetiva e com bom entendimento, e não que o aluno com Surdez seja um mero repetidor, memorizador e copista de palavras ou frases que em nada fazem sentido para ele.

Vale lembrar que a aquisição da Língua Portuguesa na sua forma escrita só ocorrerá após a aquisição da Língua Brasileira de Sinais de forma efetiva. Desta forma, as atividades deverão ser feitas com base nas duas línguas para que se garanta o entendimento da mensagem na Língua de Sinais (sua língua materna) e comece a se efetivar a aquisição da Língua Portuguesa na sua forma escrita.

Esta é uma constatação percebida por Svartholm (1998) que indica que a única forma de possibilitar que os alunos com Surdez possam dar significado aos textos é que ocorra uma interpretação ou associação ao mesmo conteúdo na Língua de Sinais.

Cabe ao professor de sala de aula expor o texto na língua materna e na Língua Portuguesa na sua forma escrita e poder fazer associações entre as duas línguas partindo sempre da língua de sinais. Além disso, o professor deve estabelecer situações sobre a construção do texto, chamando a atenção dos alunos para os elementos textuais, em que locais aparecem, de que forma, com que repetição.

Outro ponto que pode ser trabalhado é sempre fazer associações com outros textos já apresentados em sala de aula, que poderão estar pendurados no fundo da sala para que se possa remeter a eles sempre que necessário.

Svartholm (2003), pesquisadora de alfabetização na Suécia, nos indica que os alunos com Surdez devem ser inseridos num mundo linguístico o quanto antes e este movimento poderá ocorrer por histórias infantis contadas em Língua de Sinais ainda na pré-escola. Outras atividades também podem ser inseridas a partir dos dois anos de idade: músicas em Libras, brincadeiras em Libras, histórias infantis na língua materna, histórias em quadrinhos etc.

É muito importante que o professor verifique o entendimento do texto através de perguntas e respostas ou reconto na Língua de Sinais.

A partir desta apropriação na Língua de Sinais, os professores podem inserir atividades envolvendo a Língua Portuguesa na sua forma escrita através de bilhetes deixados para a criança com Surdez com desenhos e escrita, na tradução de um conto infantil em Libras e que ao mesmo tempo seja oferecida a observação do texto na sua forma escrita, na leitura de rótulos fazendo uma associação com Libras e a sua forma escrita, lista de compras com desenhos associados à Língua de Sinais etc.

O que é mais importante neste momento de aquisição de Língua Portuguesa escrita é que o aluno tenha o entendimento da mensagem como um todo e não somente da leitura palavra por palavra.

Outro ponto que pode ser crucial nesta fase da alfabetização é utilizar de textos com conteúdos que sejam do interesse do aluno com Surdez. Deve-se levar em consideração a faixa etária do aluno com Surdez, seus interesses pessoais, seu conhecimento de mundo prévio, entre outros fatores que podem determinar seu interesse na leitura ou seu total desinteresse pelo tema proposto pelo professor.

6.1 Critérios importantes na alfabetização de alunos com Surdez

Na alfabetização de alunos com Surdez devemos levar em consideração:

- O fato de o aluno ser Surdo poderá dificultar sua aprendizagem da Língua Portuguesa na sua forma escrita, principalmente por ser usuário de uma língua materna (Língua de Sinais) que possui uma gramática e uma forma de comunicação completamente diferentes da Língua Portuguesa;
- Os alunos com Surdez geralmente vão apresentar problemas na aquisição da Língua Portuguesa, pela falta de contato com esta língua na sua forma oral;
- Os alunos com Surdez precisam inicialmente de um contato efetivo com a Língua de Sinais para depois poderem ser inseridos num ambiente propício para a aquisição da Língua Portuguesa na forma escrita;
- A aprendizagem da Língua Portuguesa em sua forma oral (oralização) é uma escolha pessoal e da família do aluno com Surdez;

- O aprendizado da Língua Portuguesa em forma escrita pode demorar mais do que para os alunos ouvintes, mas não é impossível;

- As atividades devem ser baseadas em textos contextualizados, trazendo indicações em Língua de Sinais associadas ao texto em forma escrita;

- Atividades de leitura devem ser oferecidas diariamente para os alunos com Surdez;

- O assunto da leitura deve despertar o interesse do aluno, que pode ser estimulado com um desenho ou gravura sobre o assunto de sua predileção;

- O aluno com Surdez deve ser motivado a ler para alcançar diferentes objetivos, seja acadêmico, para o seu lazer, para sua instrução etc.;

- Como o aluno com Surdez tem uma melhor captação de estímulos visuais, por ter apurado sua atenção nesta área, cabe ao professor oferecer materiais ricos de estímulos visuais e usar a Língua de Sinais;

- Como a primeira língua dos alunos com Surdez é a Língua Brasileira de Sinais, é pela L2, ou seja, pela Língua Portuguesa na sua forma escrita que o aluno vai ter seu maior contato com a língua de seu país, e poderá formular hipóteses de construção de língua, podendo se apropriar da sua gramática;

- O ponto de partida deve ser sempre a Libras e, a partir deste conhecimento, mostrar e começar a fazer associações com a Língua Portuguesa na sua forma escrita.

Estes são alguns critérios usados como ponto de partida para a alfabetização de alunos com Surdez, mas queremos deixar claro

Inclusão Educacional de alunos com Surdez

que cada caso é um caso e alguns dos critérios destacados acima poderão não fazer sentido para este ou aquele aluno. Por este motivo, é de suma importância o professor conhecer, estabelecer metas, fazer sondagens e observações diárias para que possa delimitar o caminho a ser percorrido.

■ **CAPÍTULO 7**

Conhecendo os tipos de produção feita pelos alunos com Surdez

Pouco se muda nos princípios de alfabetização quando comparamos alunos com Surdez e alunos ouvintes. A principal diferença se refere à associação da Língua Portuguesa com a Língua Brasileira de Sinais.

A seguir destacamos uma lista de dez atividades que são propostas de alfabetização para alunos ouvintes que estão adaptadas para alunos com Surdez:

1. Leitura compartilhada: o professor faz a leitura de um texto enquanto o intérprete de Libras faz a tradução do texto para os alunos com Surdez. Após a leitura, o professor (se não souber Libras, o intérprete) faz questionamentos na Língua de Sinais para fazer a interpretação do texto, faz associações entre os sinais e as palavras do texto (que deverá estar fixado). Após esta atividade, os

alunos são convidados a narrar a história na Língua de Sinais e posteriormente fazer o seu reconto;

2. Leitura interpretada em Libras: o professor faz a leitura do texto em Língua Portuguesa enquanto o intérprete de Libras faz a tradução concomitante (para que os alunos com Surdez possam ter contato visual tanto com a leitura do texto, quanto com a sua produção em Libras). Nesta prática, os alunos despertam seu interesse pelos livros e pelas histórias contadas pelos adultos;

3. Leitura autônoma: o aluno com Surdez, de posse de um texto já trabalhado na sala de aula, poderá fazer a leitura do texto, enquanto o produz em Libras para o mediador, que neste caso é o professor;

4. Produzir textos associados: o aluno com Surdez, após ter entendimento do texto trabalhado, poderá produzir o texto na Língua Brasileira de Sinais enquanto a professora (ou intérprete) faz a tradução em um texto escrito (na Língua Portuguesa escrita na sua forma oficial) que será apresentado para o aluno com Surdez e feitas as devidas mediações. No caso de haver possibilidade de gravação, a produção em Libras do aluno com Surdez deve ser apresentada em associação com o texto escrito em Língua Portuguesa. Com o tempo, o aluno com Surdez poderá fazer esta produção de texto escrito sozinho, tendo como base a sua produção gravada em Libras;

5. Produção de textos memorizados: nesta atividade, o aluno com Surdez poderá fazer uma produção de texto tendo como base alguns textos que já foram trabalhados anteriormente e que o aluno tenha memorizado. Neste caso, os clássicos

infantis são muito adequados. A atividade de produção de textos memorizados é utilizada para que os alunos possam entrar em contato com a produção escrita, com as regras e padrões da Língua Portuguesa na sua forma escrita;

6. Produções de texto em duplas: nesta atividade, os alunos com Surdez podem ser associados com alunos sem deficiência e ser propostas produções de textos com pequenas frases, a princípio passadas nas duas línguas: Língua Portuguesa na sua forma oral e na Língua Brasileira de Sinais. Os alunos são convidados a reproduzir a mensagem na forma escrita. Neste caso, o aluno sem deficiência pode servir como mediador e explorar as hipóteses que o aluno com Surdez apresenta sobre a Língua Portuguesa na sua forma escrita. Esta interação é muito valiosa e a mediação do professor poderá ser oferecida. O aluno sem deficiência pode também ser instruído para não oferecer as respostas de imediato e sim ajudar na produção do aluno com Surdez;

7. Reescrita de textos: esta atividade pode ser feita utilizando-se de um texto, uma música, uma parlenda, um conto ou uma notícia. Tendo como ponto de partida este texto, o aluno com Surdez é convidado a reescrever o texto, com suas palavras e com suas hipóteses;

8. Produção de texto a partir de uma gravura: tendo como preocupação os interesses do aluno com Surdez, uma gravura lhe é apresentada e solicitado que possa escrever, inicialmente, algumas frases e posteriormente um texto;

9. Retorno aos textos passados: esta ação indica um retorno aos textos já trabalhados nas semanas anteriores, de forma

a repetir o texto que o aluno com Surdez já conhece, verificação de seu reconhecimento do texto e possibilidades de novas tarefas, usando o mesmo texto como referencial;

10. Planejamento de ações: interessante o professor fazer atividades vinculadas a um projeto que seja planejado de acordo com as necessidades do aluno com Surdez. É importante ter em mente as futuras atividades e textos a serem oferecidos, de modo a estarem ligados a um planejamento mais detalhado.

Estas dicas e atividades foram pensadas de forma a oferecer um caminho a ser percorrido pelos professores que tenham alunos com Surdez inseridos nas suas salas de aula regulares. Sabemos que cada escola, e mais do que isso, cada sala de aula, apresenta uma especificidade, portanto, oferecemos dicas amplas para que cada professor possa fazer suas devidas adaptações em seu planejamento, em seu plano de aula e em cada metodologia escolhida.

MÁRCIA HONORA

■ CAPÍTULO 8

Sondagem para avaliação de alunos com Surdez

Quando tratamos de um tema tão polêmico como a alfabetização de alunos com Surdez nos deparamos com muitos mitos, entre eles um bastante preocupante: "as pessoas com Surdez não conseguem se alfabetizar".

Discordo plenamente desta afirmação por alguns motivos: conheço muitas pessoas com Surdez que apresentam pleno domínio da Língua Portuguesa na sua forma escrita. Somente aprendemos algo novo quando a isso somos apresentados. Portanto, as pessoas com Surdez apresentam toda a capacidade de aprender a Língua Portuguesa na sua forma escrita e para isso precisamos seguir algumas indicações:

- Não apresentar palavras isoladas sem sentido; as atividades devem ser desenvolvidas a partir de textos;
- As atividades não devem ter como função principal a memorização de palavras e sim o entendimento de uma mensagem;

- O aluno com Surdez deve ter domínio da Língua Brasileira de Sinais para ser inserido em um trabalho de alfabetização, sempre vinculando as palavras da Língua Portuguesa escrita aos sinais da Língua Brasileira de Sinais;

- Todos os dias, o aluno com Surdez deve fazer ao menos uma atividade de leitura, que pode começar com textos pequenos, com a mediação do professor. Todos os alunos, com ou sem deficiência, aprendem a escrever lendo e aprendem a ler também lendo, portanto, atividades de leituras devem ser diárias;

- Atividades com recursos visuais devem ser exploradas, visto que é através da visão que se dará grande parte das aprendizagens dos alunos com Surdez. O texto sempre deve ser oferecido para o aluno com Surdez, sendo colocado em seu caderno, afixado nas paredes da sala de aula etc.

8.1 Proposta de sondagem para alunos com Surdez

Assim como a sondagem feita com alunos sem deficiência em fase de alfabetização, os alunos com Surdez devem fazer sondagens com certa regularidade para avaliar a sua aquisição de escrita. Indicamos que a sondagem seja feita bimestral ou trimestralmente com todos os alunos. É de suma importância que a primeira sondagem seja feita nos primeiros dias de aula para poder montar o planejamento do semestre de acordo com o que for encontrado na sondagem do aluno com Surdez.

A sondagem que indicamos para os primeiros anos do Ciclo I é muito semelhante à oferecida para os alunos sem deficiência.

8.1.1 Sondagem da Língua Brasileira de Sinais

O aluno com Surdez é colocado em contato com uma pequena história infantil traduzida na Língua Brasileira de Sinais. Esta história pode ser oferecida pelo intérprete de Libras, pelo professor da sala de aula caso tenha domínio da Língua de Sinais ou pode-se usar alguma gravação em DVD de histórias infantis ou contos clássicos.

A história pode ser oferecida duas vezes ou, no caso de alunos pequenos, pode-se utilizar somente um trecho da história.

Após a demonstração da história em Língua Brasileira de Sinais para o aluno com Surdez, podem ser oferecidas três ou quatro cenas da história contada e pedir que ele reconte a história na Língua Brasileira de Sinais.

Um intérprete de Libras deverá acompanhar o professor na avaliação desta atividade para se ter certeza sobre o grau de conhecimento de Libras que o aluno com Surdez tem no momento. Uso de sinais adequados, memorização de detalhes da história, uso de classificadores, uso de marcadores gramaticais, uso de sinais caseiros, uso de sinais específicos do personagem, detalhes da história serão avaliados. Neste caso, a gravação da produção do aluno com Surdez deve ser feita para que se retorne quantas vezes forem necessárias e para que se registrem os avanços linguísticos do aluno.

Para esta atividade, muitos vídeos disponibilizados nas internet podem ser usados. Importante respeitar a idade e os interesses dos alunos.

Exemplo 1 de sondagem da Língua Brasileira de Sinais

História: Chapeuzinho Vermelho

Alguns vídeos de histórias em Libras estão disponibilizados no site do Instituto Nacional de Educação dos Surdos, localizado no Rio de Janeiro. Outras fontes de produção em Libras podem ser usadas na sondagem dos alunos com Surdez.

Após a apresentação do vídeo em partes para os alunos com Surdez, algumas gravuras da história podem ser oferecidas a eles. Depois da entrega das gravuras correspondentes à história, no caso do Chapeuzinho Vermelho exibida, o aluno com Surdez é convidado a recontar a história em Libras.

Neste momento, o professor e o intérprete poderão preencher a ficha a seguir.

Ficha de Sondagem da Língua Brasileira de Sinais

Nome do aluno:

Data de nascimento:

Data da sondagem:

História: Chapeuzinho Vermelho

Avaliadores:

Avaliação

O aluno faz uso de sinais de maneira adequada?

_____

_____

O aluno apresentou boa memorização dos detalhes da história?

_____

_____

O aluno fez uso de classificadores durante a contação da história?

_____

_____

O aluno fez uso de marcadores gramaticais para diferenciar a ação de algum personagem ou cenário?

_____

_____

O aluno fez uso de sinais caseiros durante o reconto da história?

_____

_____

O aluno fez uso de sinais específicos do personagem, nomeando-os?

_____

_____

O aluno apresentou detalhes da história recontada?

_____

_____

Impressão dos avaliadores quanto à sondagem da Língua Brasileira de Sinais.

_____

_____

_____

_____

_____

_____

_____

_____

_____

_____

_____

_____

Exemplo 2 de sondagem da Língua Brasileira de Sinais

História: Pinóquio

O vídeo da história do Pinóquio está disponível na internet. Foi produzido por Nelson Pimenta, ator Surdo do Rio de Janeiro.

Outros vídeos poderão ser usados, além de outras histórias.

Neste caso, apresente para seus alunos gravuras da história do Pinóquio.

Após a apresentação da história contada em Libras, e a apresentação das gravuras da história, o aluno com Surdez deverá recontar a história em Libras na presença do professor e do intérprete de Libras. Após a apresentação do aluno, a ficha de avaliação da sondagem em Língua Brasileira de Sinais deverá ser preenchida.

No caso de o aluno com Surdez estar num estágio inicial de Língua Brasileira de Sinais, seria importante solicitar à intérprete ou à Professora com Surdez que ministra aulas no Atendimento Educacional Especializado (AEE) que faça a gravação de algumas pequenas histórias em Libras para que seja feita a sondagem da Língua Brasileira de Sinais.

8.1.2 Sondagem da Língua Portuguesa na modalidade escrita

Da mesma forma que a sondagem dos alunos sem deficiência é de suma importância para um bom planejamento de atividades, não é diferente quando temos um aluno com Surdez em uma sala de aula regular.

No caso de alunos com Surdez matriculados nos anos iniciais do Ensino Fundamental I, indicamos sondagens bimestrais ou trimestrais para acompanhar o desenvolvimento e a evolução dos alunos no que se refere à aquisição da Língua Portuguesa na modalidade escrita.

Assim como comentamos para a sondagem da Língua Brasileira de Sinais, os interesses e a idade dos alunos devem ser respeitados.

Da mesma maneira que indicamos atividades sempre contextualizadas, usando textos e não palavras isoladas, a nossa sondagem deve seguir os mesmos critérios.

Exemplo 1 de Sondagem da Língua Portuguesa na modalidade escrita

Tema: Zoológico

Nesta sondagem, oferecemos para o aluno com Surdez uma imagem com alguns animais e pedimos que ele escreva algo sobre a imagem. Importante que a mensagem seja passada na Língua de Sinais pela professora ou intérprete. Pode ser sinalizado com o aluno cada um dos animais contidos na imagem escolhida pelo professor.

Após a produção do aluno, é pedido que leia o que escreveu. Ele fará esta leitura usando a Língua de Sinais, portanto, fazer esta avaliação acompanhada de um intérprete é fundamental.

Nesta sondagem podemos avaliar se o aluno com Surdez conhece as letras do alfabeto, se diferencia letra de número, em qual estágio da escrita se encontra e quais possíveis atividades devemos lhe apresentar em seguida. O registro desta avaliação é de suma importância.

A seguir, um modelo de registro da sondagem da Língua Portuguesa.

Ficha de Sondagem da Língua Portuguesa

Nome do aluno:

Data de nascimento:

Data da sondagem:

Tema: Zoológico

Avaliadores:

Avaliação

O aluno conhece os animais e os sinais respectivos da imagem que lhe foi apresentada?

_____

_____

O aluno teve iniciativa de escrever ou se mostrou arredio ao ato de escrever?

_____

_____

O aluno diferencia letras de números?

_____

_____

Em sua escrita, o aluno com Surdez combina letras obedecendo à ordem consoante-vogal?

_____

_____

As palavras estão organizadas como num texto, uma ao lado da outra e com espaço entre elas?

O aluno se encontra em qual estágio da escrita?

O aluno fez associação da escrita com sinais adequados?

O aluno fez construção da escrita de maneira adequada, com organização, da esquerda para a direita etc.?

O aluno apresentou adequação na leitura do texto produzido?

Impressão dos avaliadores quanto à sondagem da Língua Portuguesa.

Exemplo 2 de Sondagem da Língua Portuguesa na modalidade escrita

Tema: Aniversário

Neste exemplo, o tema é aniversário. É oferecida ao aluno com Surdez uma imagem que represente uma festa de aniversário. Pode ser sinalizado cada elemento da imagem e, em seguida, é solicitado ao aluno que escreva o que entende ou conhece da imagem. Em seguida, pede-se que indique o que escreveu, usando a Língua Brasileira de Sinais. Portanto, a intérprete ou professora Surda do AEE deve acompanhar a sondagem da Língua Portuguesa na modalidade escrita.

Exemplo 3 da Sondagem da Língua Portuguesa na modalidade escrita

Tema: História sequenciada do Cachorro Bagunceiro

Neste exemplo, apresentamos uma história em três imagens, que poderá ser usada com alunos que se encontram num estágio avançado da Língua Brasileira de Sinais e da Língua Portuguesa na modalidade escrita.

É importante que a leitura do que foi produzido pelo aluno com Surdez se faça utilizando-se a Língua Brasileira de Sinais, e que seja escrito pela professora ou intérprete ao lado da produção do aluno o que ele gostaria de ter escrito. O professor ou intérprete, neste momento, funcionará como um escriba do que o aluno com Surdez gostaria de ter escrito. Este registro é de suma importância para que seja feita a avaliação do processo de escrita do aluno com Surdez e indica quais as hipóteses de escrita utilizadas pelos alunos.

Após a sondagem da Língua Brasileira de Sinais e a sondagem da Língua Portuguesa na modalidade escrita, teremos elementos fundamentais e interligados para fazermos o planejamento do nosso bimestre ou trimestre, momento em que as sondagens devam ser repetidas.

CAPÍTULO 9

Espaço educacional para o aluno com deficiência auditiva/Surdez

Quando nos referimos ao professor que vai receber um aluno com Surdez na sala de aula, muitos conhecimentos são importantes:

1. Devemos nos esforçar para nos comunicar com nosso aluno com Surdez: quando recebemos nosso aluno com Surdez é importante tentar se comunicar com ele, mesmo que não seja inicialmente em Libras. Pode ser articulando as palavras, pode ser fazendo mímica e tentando se comunicar em Libras;

2. O aluno deve se sentar no meio e na frente: a cada 1 metro de distância, ouve-se menos 6 dB. Deve-se sentar no meio da sala de aula para ficar longe das barreiras arquitetônicas;

3. O professor deveria se inscrever em um curso de Libras antes de o aluno com Surdez chegar à sua sala de aula. Uma pessoa demora em média 3 anos para aprender a se comunicar na Língua Brasileira de Sinais;

4. O aluno com Surdez precisa de uma língua para estruturar seu pensamento: ninguém aprende a ler ou a escrever sem ter uma forma de comunicação estabelecida. O aluno pode escolher se comunicar pela língua oral ou pela língua de sinais, mas é importante que tenha uma língua estabelecida;

5. O professor pode inserir atividades em Libras na sua aula: tendo ou não aluno com Surdez, o professor pode inserir atividade adaptadas em Libras em músicas, atividades escritas, histórias, vídeos, brincadeiras etc.

6. O professor é o responsável pelo conteúdo da sua aula, o intérprete é o responsável pela tradução do assunto tratado pelo professor para o aluno com Surdez;

7. É de primordial importância que o aluno com Surdez seja acompanhado por um intérprete na sala de aula. Em escolas particulares, a obrigação da contratação é da escola, custeado e admitido pela escola, e os pais não devem arcar com este custo além da mensalidade. No caso de escolas públicas, o dever da contratação é da diretoria de ensino, prefeitura ou estado. Caso não tenha intérprete, pode ser feita uma solicitação ao Ministério Público, pelos pais dos alunos com Surdez;

8. O aluno com Surdez deve ter contato físico com livros diariamente. Tal ação o favorecerá por desenvolver o interesse e o comportamento de leitor. Para esta atividade, o aluno pode contar com a mediação do professor da sala de aula para ir fazendo perguntas em Língua de Sinais sobre o que entendeu das ilustrações, o que imagina que esteja escrito naquelas palavras, onde estão escritas algumas das palavras que imaginou etc.;

9. Importante manter as duas línguas de maneira acessível, a Língua de Sinais e a Língua Portuguesa na sua forma escrita;

10. O professor pode, em alguns momentos, servir como um escriba da mensagem ou história que a criança com Surdez esteja contando em Libras;

11. É importante que atividades de leitura e também de escrita estejam diariamente na rotina dos alunos com Surdez, a partir da Educação Infantil;

12. É importante que a escrita parta do nome dos alunos. O professor poderá confeccionar uma placa com o nome dos alunos para colocar sobre a sua carteira, para usarem como um crachá, estar presente na lista de presença que o professor faz com todos os alunos etc. Importante associar o nome próprio com o sinal de identificação de cada aluno, seja ele Surdo ou não. Este sinal será dado pelo aluno com Surdez ou, se possível, poderá ser chamado um adulto com Surdez para o "batismo" de todos os alunos e profissionais da escola;

13. O aprendizado da escrita do nome e a percepção do sinal de identificação poderão ser feitos visando à datilologia do nome próprio;

14. Atividades como registro da rotina, escrever uma receita que a sala fez, lista de chamada, convites de aniversário, bilhete para os pais, regras de um jogo feito na aula, entre outras atividades, podem servir como ponto de partida para projetos maiores envolvendo a escrita e leitura dos alunos;

15. O aluno com Surdez deve ser inserido em atividades que envolvam os diferentes gêneros e tipos textuais, como podemos ver na proposta a seguir, tendo como base o ensino de Língua Portuguesa para alunos ouvintes e adaptado para alunos com Surdez:

LÍNGUA PORTUGUESA NA MODALIDADE ESCRITA	ESFERA DE CIRCULAÇÃO	GÊNEROS SELECIONADOS PARA CADA ANO DO CICLO I				
		1°	2°	3°	4°	5°
	Cotidiana	Bilhete, lista, receita, relato de acontecimento cotidiano.	Receita, lista, relato de acontecimento cotidiano, regras de jogos e brincadeiras.	Regras de jogos e brincadeiras, receita, bilhete, relato de acontecimento cotidiano, carata/e-mail.	Carta/e-mail, relato de acontecimento cotidiano, regras/instrução, roteiro e mapa localização/descrição de itinerário.	Roteiro e mapa localização/descrição de itinerário. Regras/instrução carta, e-mail
	Escolar	Explicação, verbete de curiosidade.	Verbete de curiosidades, explicação, verbete de enciclopédia infantil.	Verbete de enciclopédia infantil, explicação, verbete de curiosidades, artigo de divulgação científica, diagrama.	Diagrama, verbete de enciclopédia infantil, verbete de curiosidades, artigo de divulgação científica para crianças;	Artigo de divulgação científica para crianças, verbete de curiosidades, verbete de enciclopédia virtual.
	Jornalística	Notícia, manchete, legenda.	Manchete, legenda, notícia, comentário de notícias.	Notícia, manchete, legenda, comentário de notícias.	Legenda, notícia, comentário de notícias, entrevista, reportagem.	entrevista, notícia, comentário de notícia, reportagem, propaganda.
	Literária (prosa)	Conto tradicional, literatura infantil.	Literatura infantil, conto tradicional, conto de repetição, conto acumulativo.	Conto de repetição, conto tradicional, literatura infantil, fábula.	Fábula, conto tradicional, literatura infantil, lenda e mito.	Lenda/mito, literatura infantojuvenil, fábula.
	Literária (verso)	Parlenda, cantigas infantis.	Cantigas infantis, parlenda, adivinhas.	Adivinhas, parlenda, cantigas infantis, poemas para crianças.	Poema para crianças, parlenda, adivinhas, letras de músicas, poemas.	Poema, letras de músicas.

Tabela retirada de Orientações curriculares e proposição de expectativas de aprendizagem para Educação Infantil e Ensino Fundamental: Língua Portuguesa para pessoa Surda, Secretaria Municipal de Educação — São Paulo, 2008.

Todas estas indicações, somadas com os conhecimentos descritos nos capítulos anteriores, têm como objetivo inserir o aluno com Surdez em atividades de leitura e escrita de forma a não somente alfabetizá-lo mas que ele venha a ser letrado na Língua Portuguesa e ser usuário efetivo da Língua Brasileira de Sinais, sua língua materna e de direito.

PARTE II

Adaptação Curricular para alunos com Surdez do Ensino Fundamental I

CAPÍTULO 1

Alfabeto

O primeiro passo para alfabetização dos alunos com Surdez é a apresentação do alfabeto manual em associação ao alfabeto usado na Língua Portuguesa. Mais uma vez destacamos a importância do aluno com Surdez ter conhecimento necessário da Língua Brasileira de Sinais *a priori* ao início do processo de alfabetização.

Usaremos sempre uma apresentação vinculada a um texto e no caso do alfabeto usaremos a parlenda a seguir:

> Suco gelado
> Cabelo arrepiado
> Qual é a letra do seu namorado?

Na Língua Brasileira de Sinais ficaria da seguinte maneira:

Suco gelado

Cabelo arrepiado

Qual a letra...

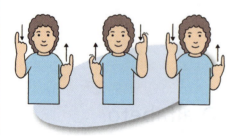

... do seu namorado?

Inclusão Educacional de alunos com Surdez

Nesta atividade, o texto é lido e posteriormente interpretado para o aluno com Surdez, mostrando a associação dos sinais e das palavras do texto. Esta atividade pode ser retomada durante toda a semana de maneiras diferentes, apenas apresentando a parte escrita e solicitando que o aluno com Surdez possa fazer as aplicações dos sinais correspondentes. Podem ser apresentados os sinais do texto e solicitado que o aluno com Surdez possa escrever o texto. A partir da exploração do texto será apresentado o alfabeto manual (em Libras) para o aluno, em associação ao alfabeto usado na Língua Portuguesa. Como veremos a seguir:

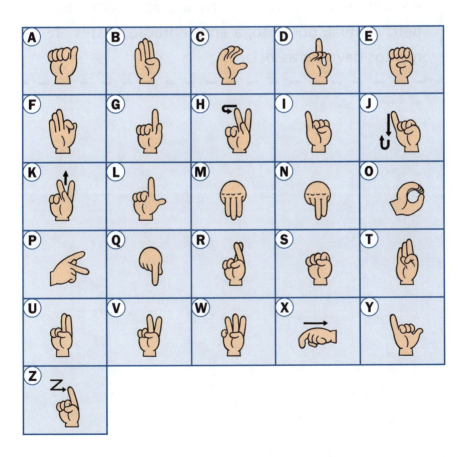

Importante saber...

Conhecer as letras e o nome das letras é fundamental para os alunos no processo de alfabetização, mas tratando-se do aluno com Surdez, um novo elemento deve ser associado a este processo, o alfabeto manual.

O aluno deverá conhecer as formas gráficas das letras e sua ordem alfabética, em comparação com o alfabeto manual, portanto, a apresentação destes elementos deve ser associada.

Inclusão Educacional de alunos com Surdez

Conhecendo o alfabeto

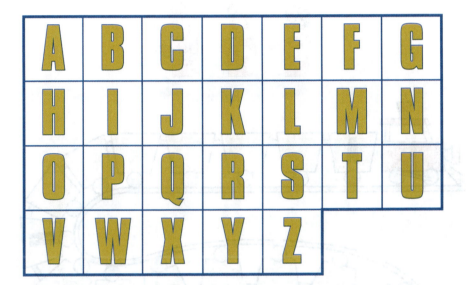

Importante que as letras do alfabeto sejam afixadas na sua sala de aula enquanto houver necessidade de consulta dos alunos. No caso do aluno com Surdez, poderá haver na sala de aula um alfabeto associado a um alfabeto manual ou até uma ficha com os alfabetos associados para que ele possa colar em seu caderno.

MODELO DE ATIVIDADE

Complete as letras que faltam no trem

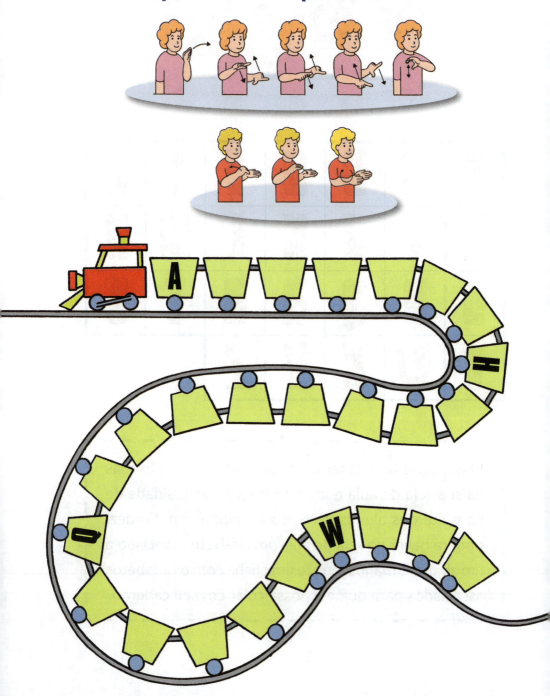

Inclusão Educacional de alunos com Surdez

PROFESSOR

Você poderá observar que as atividades referentes ao alfabeto se repetirão muitas vezes. Isso deve ser feito na sala de aula em que haja um aluno com Surdez incluído, devido ao grande número de letras do alfabeto, ao fato de serem apresentados dois alfabetos concomitantemente, à dificuldade de memorização nas primeiras apresentações, entre outros motivos.

Indicamos, caso observe grande dificuldade de memorização, que as palavras possam ser apresentadas em grupos menores de 6 ou 7 letras. Importante sempre retomar as letras já apresentadas anteriormente para poder apresentar novas letras.

MÁRCIA HONORA

Conhecendo o alfabeto manual

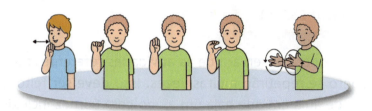

A	B	C	D	E	F
G	H	I	J	K	L
M	N	O	P	Q	R
S	T	U	V	W	X
Y	Z				

PROFESSOR

Proponha as atividades de apresentação do alfabeto quantas vezes avaliar necessário para seu aluno com Surdez. É sempre importante fazer associação entre o alfabeto da Língua Portuguesa e o alfabeto manual, usado na Língua Brasileira de Sinais.

Inclusão Educacional de alunos com Surdez

PROFESSOR

Distribua ao aluno uma cópia do alfabeto manual da página seguinte. Peça que ele recorte as letras e cole-as na minhoca.

MODELO DE ATIVIDADE

Complete a minhoca com as letras do alfabeto manual na ordem correta

MODELO DE ALFABETO

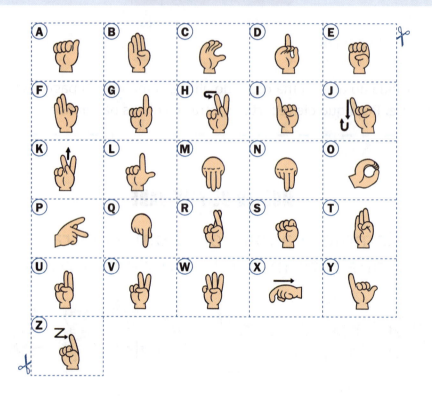

PROFESSOR

É importante apresentar os dois alfabetos para o aluno com Surdez (alfabeto da Língua Portuguesa e da Língua Brasileira de Sinais) de forma concomitante e que atividades para reforçar as associações sejam feitas muitos dias seguidos, sempre verificando se as informações trabalhadas no dia anterior foram retidas pelo aluno com Surdez.

No caso de ser uma sala de aula regular com um ou mais alunos com Surdez e os demais alunos sem deficiência, o professor poderá inserir em alguns momentos o alfabeto manual para que todos os alunos sejam apresentados à Língua Brasileira de Sinais.

Inclusão Educacional de alunos com Surdez

MODELO DE ATIVIDADE

Agora que você já conhece o alfabeto e o alfabeto manual, vamos exercitar?

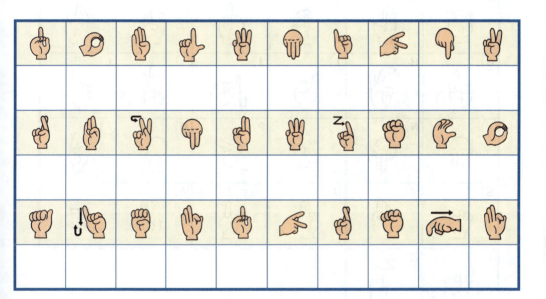

PROFESSOR

Estamos apresentando algumas atividades de memorização dos alfabetos. Aplique da maneira como melhor avaliar. Não há necessidade de inúmeras repetições, caso seu aluno com Surdez tenha apresentado memorização e associação adequadas.

Márcia Honora

MODELO DE ATIVIDADE

Escreva as letras do alfabeto que estão faltando, tendo como referência o alfabeto

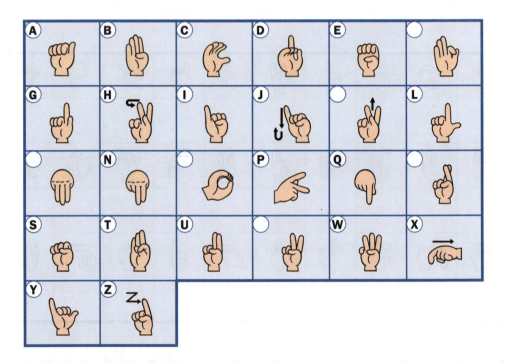

PROFESSOR

As atividades referentes ao alfabeto e ao alfabeto manual devem servir de parâmetros para sua percepção da memorização e associação que o aluno com Surdez está fazendo dos dois alfabetos.

Inclusão Educacional de alunos com Surdez

MODELO DE ATIVIDADE

Vamos agora escrever as letras do alfabeto que faltam

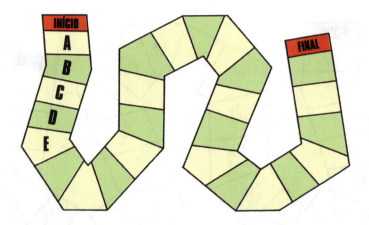

PROFESSOR

Observe que, nas atividades propostas, sempre estamos fazendo associação entre o alfabeto da Língua Portuguesa e o alfabeto manual da Língua Brasileira de Sinais.

A atividade a seguir poderá ser feita de diversas maneiras, como julgar melhor:

A) Poderá ser mostrada a letra no alfabeto manual para o aluno com Surdez identificá-la no seu exercício;

B) Poderá ser mostrada a letra em uma gravura ou escrita na lousa a letra no alfabeto da Língua Portuguesa, e o aluno com Surdez deverá fazer a associação e pintar no seu exercício a letra correspondente.

MODELO DE ATIVIDADE

Vamos agora pintar as letras do alfabeto manual que serão mostradas pela professora

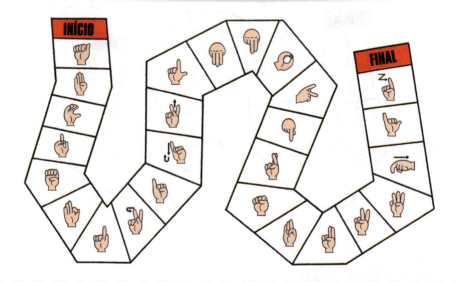

PROFESSOR

Caso julgue necessário, aplique mais exercícios que reforcem a associação entre o alfabeto usado na Língua Portuguesa e o alfabeto manual, usado na Língua Brasileira de Sinais.
A apreensão deste conhecimento é de suma importância para os nossos conteúdos que serão ministrados. Portanto, certifique-se de que seu aluno com Surdez tem pleno entendimento da associação entre estes dois alfabetos.

Inclusão Educacional de alunos com Surdez

MODELO DE ATIVIDADE
Escreva a letra em Língua Portuguesa

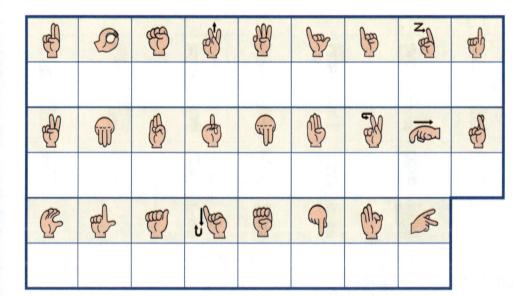

PROFESSOR

Após observar que as atividades sobre o alfabeto e o alfabeto manual foram desenvolvidas com sucesso pelo seu aluno com Surdez, iremos desenvolver uma série de atividades referentes ao nome. Aplique da maneira que julgar necessário.

MODELO DE ATIVIDADE

Recorte e cole abaixo as letras do seu nome em Língua Portuguesa

A	B	C	D	E	F	G
H	I	J	K	L	M	N
O	P	Q	R	S	T	U
V	W	X	Y	Z		

COLE AQUI

PROFESSOR

Nesta atividade espera-se que a criança possa fazer um reconhecimento das letras do alfabeto em língua portuguesa.

Inclusão Educacional de alunos com Surdez

MODELO DE ATIVIDADE

Recorte e cole abaixo as letras do seu nome em Libras

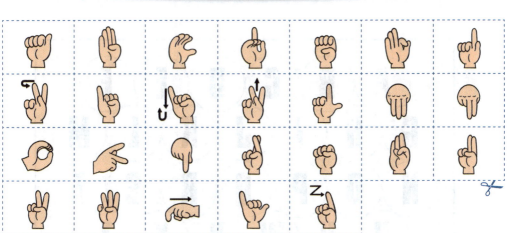

COLE AQUI

PROFESSOR

Dando continuidade às atividades para reforçar o aprendizado do aluno com Surdez, aplicamos algumas tarefas referentes ao seu nome, sempre fazendo associação entre o alfabeto da Língua Portuguesa e o alfabeto manual da Língua Brasileira de Sinais.

MODELO DE ATIVIDADE

Pinte as letras que há no seu nome e depois escreva abaixo

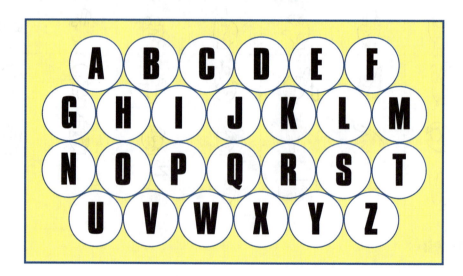

ESCREVA AQUI SEU NOME

> **PROFESSOR**
>
> É de extrema importância que as mesmas atividades sejam oferecidas muitas vezes.

Inclusão Educacional de alunos com Surdez

Agora vamos fazer o exercício usando Libras?

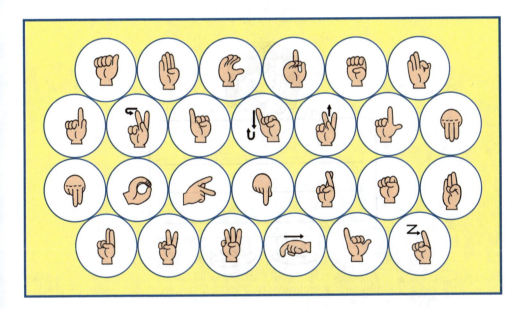

PROFESSOR

Nas atividades a seguir, continuamos a desenvolver atividades envolvendo o nome do aluno. Caso não ache necessário após observar o desenvolvimento de seu aluno com Surdez, pode avançar para outras atividades.

MODELO DE ATIVIDADE

Vamos fazer um crachá escrito em Português usando as letras abaixo

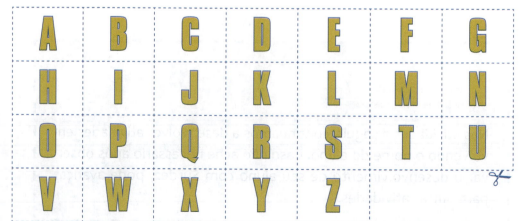

Inclusão Educacional de alunos com Surdez

MODELO DE ATIVIDADE

Agora recorte e cole as letras do alfabeto manual para fazer o crachá

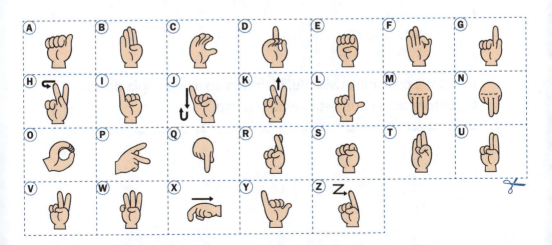

> **PROFESSOR**
>
> A seguir iremos desenvolver algumas atividades referentes ao nome dos colegas do aluno com Surdez. Caso sua sala de aula seja muito numerosa, indicamos selecionar o nome dos alunos mais próximos do aluno com Surdez e, mediante os avanços do aluno, outros nomes poderão ser inseridos na atividade.
>
> Sugerimos trabalhar inicialmente de seis a oito nomes de colegas de cada vez. Repita a atividade de maneira diferente, quantas vezes julgar necessário. Lembre-se de sempre fazer uma associação entre o alfabeto da Língua Portuguesa e o alfabeto manual da Língua Brasileira de Sinais.

> **PROFESSOR**
>
> Para a próxima atividade, distribua ao aluno cópia do alfabeto manual que está na página 150.

Inclusão Educacional de alunos com Surdez

MODELO DE ATIVIDADE

Escreva uma lista dos nomes dos seus amigos da escola
Recorte as letras do alfabeto manual

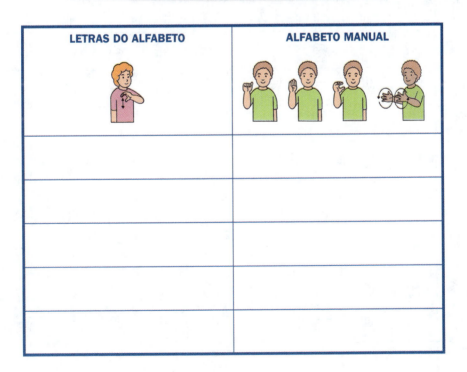

LETRAS DO ALFABETO	ALFABETO MANUAL

MODELO DE ALFABETO

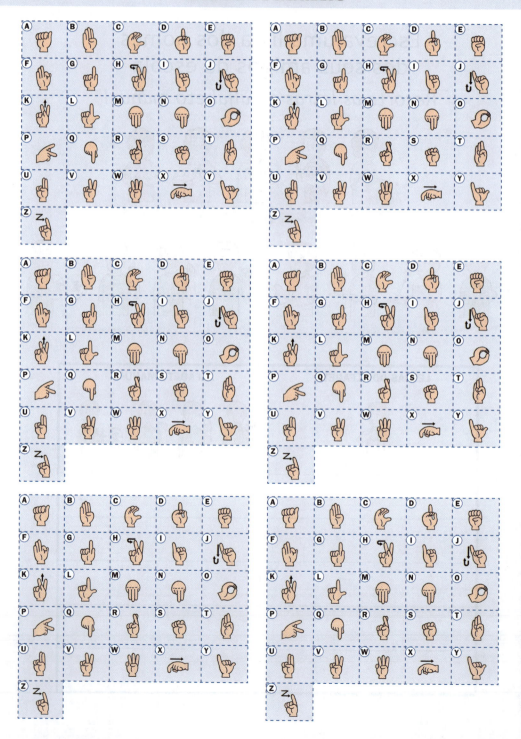

Inclusão Educacional de alunos com Surdez

PROFESSOR

Após trabalharmos o alfabeto em Língua Portuguesa em associação com o alfabeto manual usado na Língua Brasileira de Sinais, o nome do aluno e o nome de alguns colegas do aluno com Surdez, iremos trabalhar com o nome completo do aluno. Repita e reinvente as tarefas da maneira que julgar necessário, levando sempre em consideração os avanços, os interesses e o desenvolvimento do aluno com Surdez.

MODELO DE ATIVIDADE

Escreva agora seu nome completo

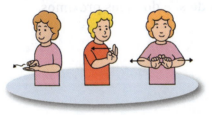

_____

ESCREVA AQUI SEU NOME

PROFESSOR

Neste momento iremos começar um trabalho com a identificação do aluno. Para esta atividade, você poderá solicitar antecipadamente uma cópia do RG ou Certidão de Nascimento de todos os alunos.

■ CAPÍTULO 2

Identidade

Após desenvolvermos inúmeras atividades envolvendo a associação do alfabeto manual com o alfabeto da Língua Portuguesa, iremos apresentar um primeiro assunto para ser desenvolvido com os alunos, envolvendo a identidade, através de reconhecimento de si e dos seus próximos.

Vamos agora conhecer você melhor?

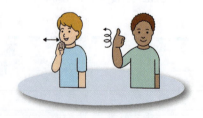

Inclusão Educacional de alunos com Surdez

MODELO DE ATIVIDADE

	NOME	
	IDADE	
	DATA DE NASCIMENTO	

PROFESSOR

Neste momento iremos trabalhar cada uma das letras do alfabeto. Esta atividade pode ser feita logo em seguida da apresentação do alfabeto ou quando julgar necessário. Pela experiência com alunos com Surdez, optamos por retomar o assunto neste momento para a certificação do entendimento do aluno. Aplique como melhor avaliar.

Vamos estudar mais cada uma das letras?

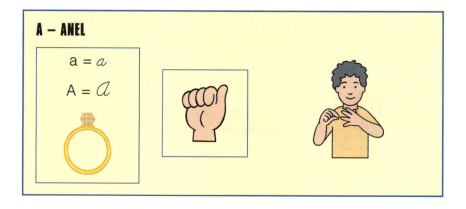

A – ANEL

a = a
A = A

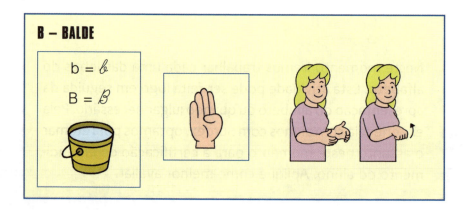

B – BALDE

b = b
B = B

Inclusão Educacional de alunos com Surdez

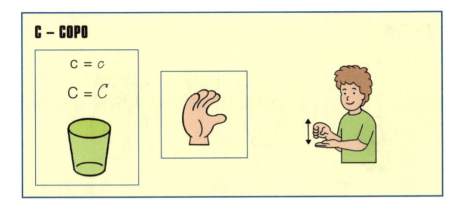

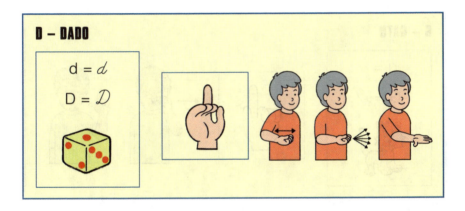

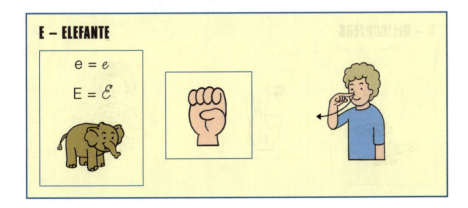

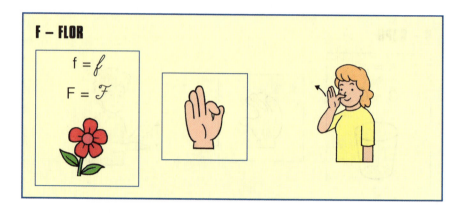
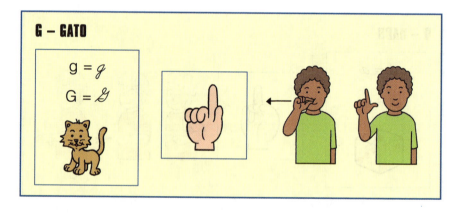
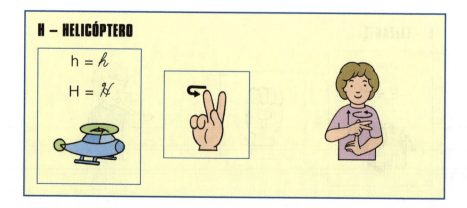

Inclusão Educacional de alunos com Surdez

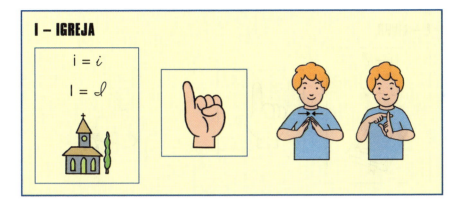

I – IGREJA

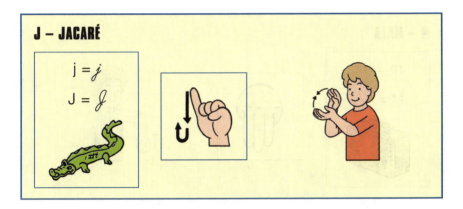

J – JACARÉ

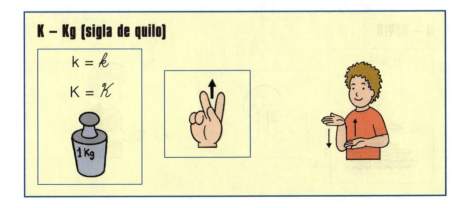

K – Kg (sigla de quilo)

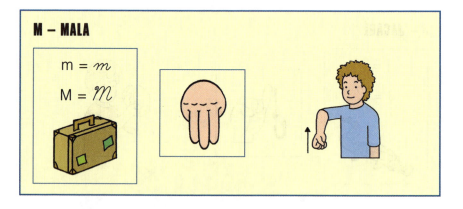

Inclusão Educacional de alunos com Surdez

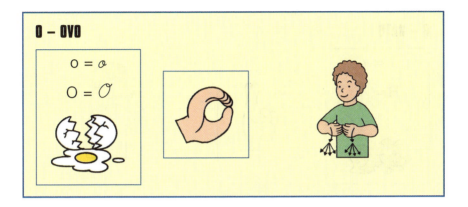

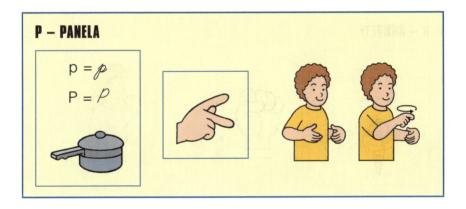

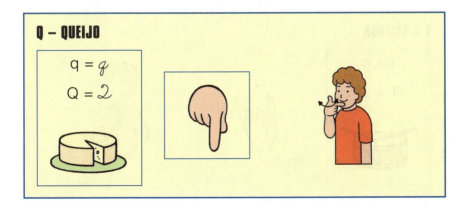

R – RATO

r = r
R = R

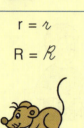  

S – SORVETE

s = s
S = S

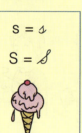  

T – TAMBOR

t = t
T = T

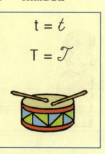  

Inclusão Educacional de alunos com Surdez

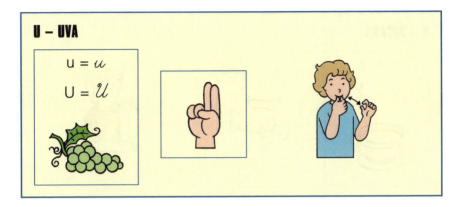

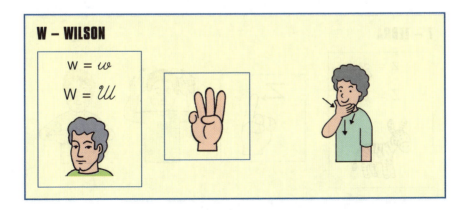

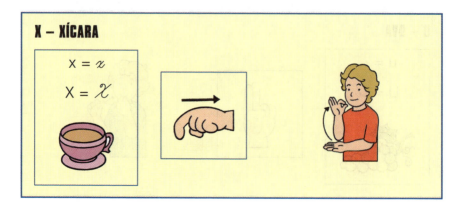

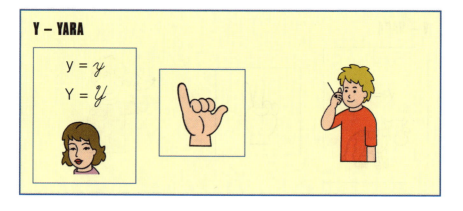

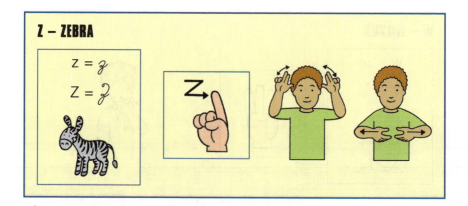

PROFESSOR

Neste momento iremos dar continuidade às atividades com alguns conteúdos pertinentes ao primeiro ciclo do Ensino Fundamental. As atividades poderão ser modificadas e aplicadas nos momentos em que melhor atenda às necessidades de seu aluno. Perceba que o assunto a ser tratado a seguir é família, mas sempre fazemos uma associação à Língua Portuguesa e à Língua Brasileira de Sinais, além de tratar sempre com um conteúdo de maneira contextualizada, partindo de um texto e não de palavras isoladas.

CAPÍTULO 3

Família

Neste capítulo iremos abordar o assunto família, apresentando um texto de referência sinalizado, explorando os sinais de pessoas da família e uma série de atividades para que o aluno reconheça seus laços familiares e identifique os sinais correspondentes.

Agora iremos aprender
um pouco sobre família

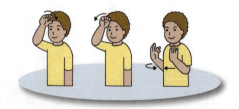

Família...

Todos temos,

Dela viemos.

Nela nascemos...

Então crescemos.

Para uns,

a família é só o pai,

para outros, só a mãe,

muitos só têm o avô...

Mas é família:

sinônimo de calor!

Trecho de poesia de Noélio Duarte

Família...

Todos temos,

Dela viemos.

Nela nascemos...

Então crescemos.

Inclusão Educacional de alunos com Surdez

Para uns,

a família é só o pai,

para outros, só a mãe,

muitos só têm o avô...

Mas é família: sinônimo de calor!

Trecho de poesia de Noélio Duarte.

> **PROFESSOR**
>
> Apresente o texto sobre família associando as palavras com os sinais de Libras. A partir deste texto, poderão ser criadas inúmeras atividades, por exemplo: somente apresentar o texto em Língua Portuguesa e pedir ao aluno que conte a história em Libras; ou, ao contrário, apresentando os sinais e solicitando que o aluno escreva algumas palavras. No início dos trabalhos referentes a este conteúdo, mantenha o texto sinalizado com o aluno e retire quando julgar necessário.

> **PROFESSOR**
>
> A seguir, uma atividade de texto lacunado referente ao texto sobre a família. Distribua aos alunos os sinais da p. 171 e peça que recortem o encaixem.

MODELO DE ATIVIDADE

Vamos recortar e colar os sinais para completar o texto

Família...

Todos temos,

Dela viemos.

Nela nascemos...   Então crescemos.

Para uns,

a família é só o pai,

para outros, só a mãe,

muitos só têm o avô...

Mas é família: sinônimo de calor!

Trecho de poesia de Noélio Duarte.

Inclusão Educacional de alunos com Surdez

Sinais para encaixar:

PROFESSOR

Nesta atividade retiramos alguns sinais do texto e solicitamos que o aluno com Surdez complete o texto. No primeiro momento podemos manter o texto de referência para que o aluno possa se localizar e consultar, se julgar necessário.

Mais importante que o aluno com Surdez realizar a tarefa, é que ele possa entender do que trata o texto; para isso Libras é fundamental.

> **PROFESSOR**
>
> Após trabalhar com o texto sobre família de maneiras diferentes, vamos propor algumas atividades com o tema família.

Vamos fazer um desenho da sua família

Vamos aprender os sinais das pessoas da família

Cole uma fotografia no espaço correspondente de cada integrante da família

PROFESSOR

É interessante antes de iniciar as atividades sobre família conhecer a realidade familiar dos alunos. Atualmente, poucos alunos apresentam uma família nuclear, com pais e irmãos. Todo o cuidado neste assunto se faz necessário. Solicite as fotografias com os pais antecipadamente, caso seja possível, ou no caso de não ser possível, peça para que o aluno desenhe cada um dos familiares.

PROFESSOR

Caso julgue adequado, peça para o aluno escrever o nome de cada familiar. Particularmente, não realizo desta maneira, pois pode ser muita informação em uma mesma tarefa. Aplique da maneira que julgar mais adequado.

> **PROFESSOR**
>
> A seguir iremos oferecer outras opções de textos sinalizados para ser aplicados da maneira que for necessário. Sempre associe o texto em Língua Portuguesa com os sinais na Língua Brasileira de Sinais e sempre inicie um assunto a partir de um texto, de forma a contextualizar os conteúdos.

■ **CAPÍTULO 4**

Parlendas sinalizadas

Neste capítulo iremos abordar atividades envolvendo parlendas conhecidas dos alunos ouvintes mas pouco exploradas pelos alunos com Surdez. As atividades procuram fazer uma associação entre a Língua Portuguesa e a Língua Brasileira de Sinais como a abordagem do bilinguismo indica como adequada para alunos com Surdez nas séries inicias.

Coelhinho da Páscoa

De olhos vermelhos

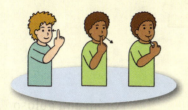

De pelos branquinhos

De pulo bem alto

Eu sou coelhinho

Sou muito assustado

Porém sou guloso

Por uma cenoura

Já fico manhoso

Eu pulo pra frente

Eu pulo pra trás

Dou mil cambalhotas

Sou forte demais

Comi uma cenoura

Com casca e tudo

Tão grande ela era

Fiquei barrigudo

PROFESSOR

Neste texto podemos partir para conteúdos como animais, datas comemorativas, cores, adjetivos, entre outros assuntos.

A partir do texto, outras atividades devem ser elaboradas usando Língua Portuguesa e os sinais em Libras.

Inclusão Educacional de alunos com Surdez

Cai, Cai, Balão

Cai, cai, balão.

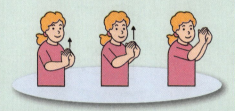

Não cai, não... não cai, não...

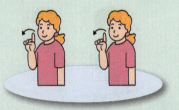

Cai, cai, balão.

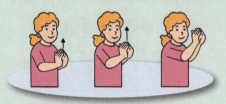

Não cai, não.

Aqui na minha mão.

Cai na rua do sabão.

PROFESSOR

Neste texto sinalizado podemos inserir os assuntos festas juninas ou rimas. Solicite que o aluno, de posse do texto em Língua Portuguesa, possa sinalizar todo o texto. Selecione sinais usados no texto e peça para que o aluno com Surdez escreva a palavra correspondente ao sinal. Faça dobraduras de balão.

Serpente

Esta é a história da serpente

Que desceu do morro

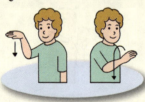

Pra procurar um pedaço

Do seu rabo.

Sim, você também é um pedaço

Do seu rabão.

PROFESSOR

O texto sinalizado da serpente pode ser usado para o conteúdo de partes do corpo ou animais. O texto pode ser ensinado em forma de música para todos os alunos. Podem ser usadas placas com as palavras que alguns alunos levantem enquanto a música estiver sendo sinalizada.

Inclusão Educacional de alunos com Surdez

Ciranda, Cirandinha

Ciranda, cirandinha,

Vamos todos cirandar,

Vamos dar a meia-volta,

Volta e meia vamos dar.

O anel que tu me destes,

Era vidro e se quebrou.

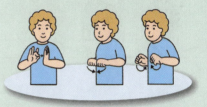

O amor que tu me tinhas,

Era pouco e se acabou.

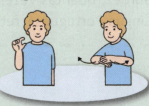

Po isso, menina,

Diga um verso bem bonito,

Agora entre nessa roda,

Diga adeus e vá embora!

PROFESSOR

No texto sinalizado Ciranda Cirandinha pode ser usado para iniciar o conteúdo verbos. Todos os alunos devem ser estimulados a conhecer Libras e de preferência que as atividades sejam aplicadas para todos os alunos. Aplique o texto sinalizado para o aluno com Surdez, quantas vezes julgar necessário e retirando partes da Língua Portuguesa, retirando sinais de Libras.

Inclusão Educacional de alunos com Surdez

MODELO DE ATIVIDADE

Atirei o pau no gato

ATIREI O PAU NO GATO, TO,

MAS O GATO, TO,

NÃO MORREU, REU, REU,

DONA CHICA, CA

ADMIROU-SE, SE

DO BERRO, DO BERRO

QUE O GATO DEU.

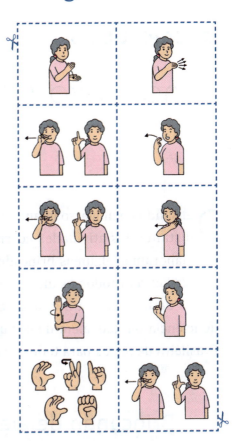

PROFESSOR

Nesta atividade, faça uma associação em separado do texto em Língua Portuguesa e os sinais da Língua Brasileira de Sinais. Apresente cada palavra e seu sinal correspondente e posteriormente solicite que o aluno com Surdez faça a associação, criando um texto sinalizado.

■ **CAPÍTULO 5**

Brincadeira sinalizada

Pensando no universo infantil e como um aluno com Surdez fica distante das atividades corriqueiras das crianças ouvintes, elaboramos algumas brincadeiras adaptadas para que sejam realizadas com todos os alunos da sala de aula, sendo esta uma forma de favorecer a interação entre os pares, sendo eles com deficiência ou não, além de ser uma maneira de ensinar Língua Brasileira de Sinais para todos os alunos.

Brincando de elefante colorido?

> **PROFESSOR**
>
> Nem sempre o conteúdo precisa ser iniciado com um texto ou um texto sinalizado. Para o conteúdo cores podemos iniciar com uma brincadeira, como é o caso do Elefante Colorido.

Inicialmente apresentamos os sinais para cada uma das cores, como:

COR	ESCRITA	SINAL
	AZUL	
	BRANCO	
	LARANJA	
	MARROM	
	PRETO	
	ROSA	

> **PROFESSOR**
>
> Após a apresentação das cores, pode ser iniciada a brincadeira Elefante Colorido.

ELEFANTE COLORIDO!

QUE COR?

> **PROFESSOR**
>
> Após a brincadeira em que os alunos devem procurar objetos pela sala de aula ou pelo pátio na cor indicada pela professora, através de um sinal em Libras, algumas atividades podem ser apresentadas, como a que reforça a escrita do sinal correspondente, pois traz as letras embaralhadas.

Inclusão Educacional de alunos com Surdez

> **PROFESSOR**
>
> De acordo com o princípio de sempre partir de um texto para que a atividade seja contextualizada, e sempre fazer a associação entre a Língua Portuguesa e a Língua Brasileira de Sinais, todos os conteúdos podem ser apresentados para o aluno com Surdez.

CAPÍTULO 6

Atividades de matemática sinalizadas

Neste capítulo, iremos abordar outra disciplina dos conteúdos acadêmicos, a Matemática, que por se caracterizar como uma área do raciocínio lógico, geralmente é de interesse e maior facilidade pelos alunos com Surdez. As atividades a seguir estão adaptadas, fazendo uma associação entre números e sinais.

Veremos a seguir, algumas atividades referente à disciplina de Matemática.

PROFESSOR

Para os conteúdos de Matemática também partimos de um texto sinalizado, como observado a seguir.

Inclusão Educacional de alunos com Surdez

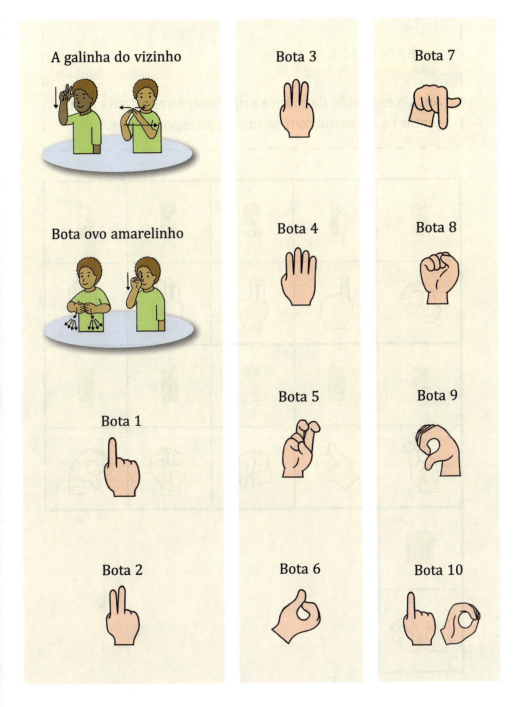

PROFESSOR

Após a execução da música sinalizada, é importante apresentar os números com os sinais correspondentes.

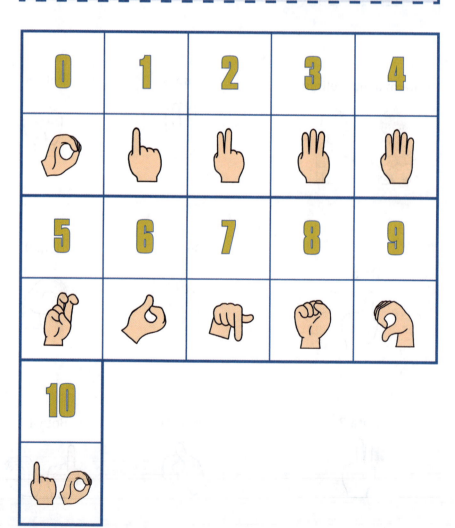

Inclusão Educacional de alunos com Surdez

PROFESSOR

Após o entendimento dos números de 0 a 10, apresente os demais números utilizando-se da mesma metodologia, sempre associando aos sinais da Língua Brasileira de Sinais.

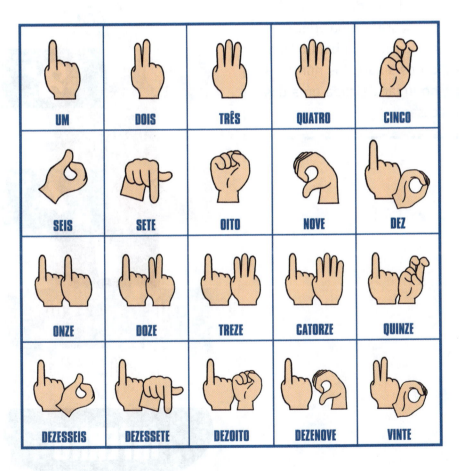

PROFESSOR

Algumas atividades usando os números podem ser elaboradas com base nos conhecimentos aprendidos. Uma das atividades propostas é uma brincadeira de Amarelinha, utilizando os sinais dos números no lugar de cada uma das casas.

Amarelinha

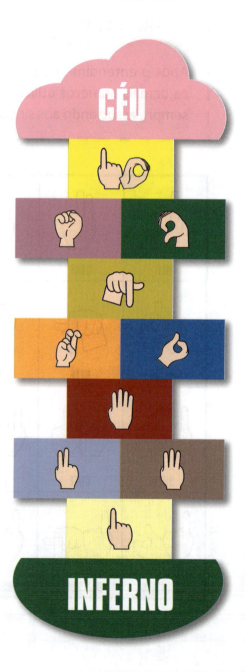

MODELO DE ATIVIDADE

> **PROFESSOR**
>
> Algumas atividades de Matemática podem ser oferecidas trocando os números pelos números sinalizados. Geralmente, os alunos com Surdez apresentam bom desenvolvimento nas atividades de Matemática.

PROFESSOR

Caso julgue necessário, utilize o material concreto para facilitar, neste primeiro momento, a resolução das adições e subtrações. Neste caso, tampinhas de garrafa, caixas de fósforos, palitos de sorvetes e outros materiais podem ser utilizados.

PROFESSOR

Mais algumas dicas:

Como pode observar, todas as atividades propostas seguiram os mesmos passos: apresentação de um conteúdo de forma contextualizada, associação da Língua Portuguesa com os sinais da Língua Brasileira de Sinais e exercícios que respeitem a língua materna do aluno com Surdez. As atividades devem ser repetidas de formas diferentes quantas vezes o professor julgar necessário, até que perceba que o aluno com Surdez assimilou o conteúdo proposto. Retorne às atividades, reformuladas, pois não é raro os alunos com Surdez precisarem deste retorno ao conteúdo já ministrado.

Referências

ALMEIDA, E. C. *Deficiência auditiva*: como evitar e cuidar. São Paulo: Atheneu, 2001.

BALLANTYNE, J. *Surdez*. Porto Alegre: Artes Médicas Sul, 1995.

CASTELLS, M. *O poder da identidade.* Vol. II. São Paulo: Paz e Terra, 1999. (*A era da informação:* economia, sociedade e cultura. 3 v.)

GOLDFELD, M. *A criança surda*: linguagem e cognição numa perspectiva sócio-interacionista. São Paulo: Plexus, 1997

LARAIA, R. B. *Cultura*: um conceito antropológico. Rio de Janeiro: Jorge Zahar Ed., 2009.

PIMENTA, N. Oficina-palestra de cultura e diversidade. VIII Seminário Nacional do INES. *Anais...* Rio de Janeiro, INES, 19-21 set. 2001.

QUADROS, R. M.; KARNPPP, L. B. *Língua de sinais brasileira*: estudos linguísticos. Porto Alegre: Artmed, 2004.

REDONDO, M. C. F. *Deficiência auditiva*. Brasília: MEC, Secretaria de Educação a Distância, 2001.

SACKS, O. *Vendo vozes*: uma jornada pelo mundo dos surdos. São Paulo: Companhia das Letras, 2000.

SKLIAR, C. (Org.). *A surdez*: um olhar sobre as diferenças. Porto Alegre: Mediação, 1995.

STRNADOVÁ, V. *Como é ser surdo*. Rio de Janeiro: Babel Editora, 2000.

SVARTHOLM, K. Aquisição de segunda língua por Surdos. *Revista Espaço*, n. 9, p. 38-45. junho 1998.

_____. *Como leer a los sordos?* Resumo elaborado por María de los Ángeles Varela. Disponível em: www.sitiodesordos.com.ar/svartholm.htm

Este livro foi impresso na
LIS GRÁFICA E EDITORA LTDA.
Rua Felício Antônio Alves, 370 – Bonsucesso
CEP 07175-450 – Guarulhos – SP
Fone: (11) 3382-0777 – Fax: (11) 3382-0778
lisgrafica@lisgrafica.com.br – www.lisgrafica.com.br